W0349590

Ils ont choisi de vivre !

© 2012 Auteur Lulu. Tous droits réservés.
ISBN 978-1-291-21681-3  Édition août 2013

Témoignages d'hommes et de femmes
de notre temps

*présentés par Claude Schneider*

# Ils ont choisi de vivre !

> Carnets d'enQuête "Pourquoi je vis ?"

*Pourquoi je vis ?*
Chacun se pose la question !
Les *Carnets d'enquête* proposent
des réponses
qui pourraient apporter
une lueur d'espoir…

Dans le carnet d'enquête *Nés pour mourir*, nous avons conclu, d'après la Bible, que le mal-être de l'homme et ses angoisses existentielles découlent de son éloignement de Dieu, source de sa vie. Dès lors, la mort règne sur toute la race humaine.

Dans le 2e carnet, *Chemins de vie mouvants*, nous avons reconnu l'impuissance des tentatives humaines pour réparer l'homme et lui rendre une espérance et un sens à sa vie.

Le 3e carnet, *Mais oui, vous êtes né pour vivre !,* part du constat suivant : Si nos maux résultent d'une *rupture* avec Dieu, le rétablissement ne peut consister qu'à une restauration de nos relations avec notre Créateur. Partant de là, le livre expose les réponses bibliques aux questions existentielles suivantes : comment connaître Dieu ? Qui est Jésus-Christ ? Comment venir à lui et en quoi consiste la vie nouvelle que Dieu nous destine ?

Nous voici au 4e *Carnet d'enquête*, qui sera peut-être le premier pour certains lecteurs ! Son objectif est de témoigner par des récits de vie de l'authenticité de l'enseignement biblique vécu à notre époque.

## Et si on dialoguait ?

Vous pouvez me communiquer vos observations ou vos questions. Si une réponse est souhaitée, je le ferai par mail et j'aborderai sur mon site les questions ou objections qui me sembleront d'intérêt général.

Contact : pourquoi.je.vis@free.fr
Mon site : http://pourquoi.je.vis.free.fr

Commande de livres : chez Lulu ou sur Amazon

(voir les instructions sur mon site)

Lulu

C'est l'histoire d'hommes et de femmes de mon entourage proche – ou qui sont devenus proches – Pour la plupart, leur existence est tout à fait ordinaire, mais une rencontre décisive en a fait quelque chose d'extraordinaire...

# Ils témoignent...

*La foi chrétienne n'est-elle bonne « que pour les grand-mères » ? Pour démentir cette idée, je charge Jean-Daniel d'être le sportif qui va « courir devant », avec le flambeau de son témoignage !*
*Mais, tout de suite après lui, place aux « vieilles dames », et aux autres séniors qui peuvent témoigner, avec l'apôtre Paul, qu'ils ont combattu le bon combat, qu'ils ont (presque ou entièrement) achevé la course et qu'ils ont gardé la foi.*
*(2 Timothée 4 :7)*
*Heureux ceux qui savent écouter nos aînés ! Puis, nous lirons aussi avec plaisir les témoignages de chrétiens plus jeunes, encore aux prises avec les défis de notre monde moderne, mais désirant suivre le Christ partout où il les mènerait.*

*Claude*

# Mon cheminement vers une foi personnelle

Jeune sportif, professeur des écoles, Jean-Daniel a la vie devant lui, des projets, des rêves... Il nous parle de son ambition suprême, qu'il partage avec sa jeune épouse, Corinne...

## Mes précurseurs dans la foi : mes parents

Je suis né dans une famille non chrétienne à l'origine... ou qui n'avait de chrétien que le nom. Lorsque j'avais 6 ans, mes parents se sont convertis à Jésus Christ suite à la lecture du livre « Jésus, notre destin » de W. Busch. Touché par cette lecture, mon père a réalisé l'immense amour de Dieu envers nous, pécheurs qui s'est manifesté par le sacrifice de Jésus à la croix à notre place. Il a accepté Jésus comme Sauveur et Seigneur de sa vie. Peu de temps après, ma mère s'est aussi convertie au Seigneur Jésus. Elle s'était déjà rapprochée de Dieu lors de son adolescence, mais n'avait pas persévéré dans la foi. Après leur décision de suivre le Seigneur, mes parents ont rejoint l'église évangélique de notre village, car ils ressentaient le besoin de nourrir leur jeune foi.

Peu de temps après leur conversion, mes parents ont tout de suite été confrontés à une terrible épreuve. En effet, ma mère venait d'accoucher de mon petit frère, quand il y a eu des complications avec lui. Il avait un manque de sucre dans le sang, ce qui a provoqué des convulsions. Les médecins ont annoncé à mes parents une terrible nouvelle : mon petit frère allait rester lourdement handicapé.

Sur le coup, mes parents restaient bouleversés par la nouvelle ; tous leurs projets familiaux étaient remis en question, l'avenir de mon petit frère Timothée demeurait incertain. La nouvelle a été dure à encaisser. Petit à petit, j'ai pu voir mes parents lever les yeux vers le Seigneur, crier à lui. Ce n'était – et ce n'est toujours pas – facile tous les jours pour mes parents, mais ils remettent Timothée entre les mains de Jésus et essayent de lui faire confiance.

## De la foi de mes parents à la mienne !

Le temps a passé. J'allais à l'église tous les dimanches ; j'aimais beaucoup les histoires de la Bible, ce qu'on apprenait, les versets, les chants. À l'âge de 15 ans, alors que nous étions au rassemblement d'églises évangéliques lors de la Pentecôte au « Geisberg » près de Wissembourg, j'ai compris que j'étais perdu. Et, pour être sauvé, je ne pouvais pas m'appuyer sur la foi de mes parents, ni sur la *religion évangélique*, ni sur le fait que je n'étais pas un « mauvais gars ». J'ai réalisé que j'étais devant un choix déterminant pour ma vie : accepter Jésus dans mon cœur, l'inviter dans ma vie, recevoir le salut qu'il offre ou passer l'éternité sans lui, en enfer. J'ai décidé de suivre le Seigneur Jésus. Depuis ce jour, Jésus me transforme, me façonne et m'aide à lui ressembler toujours plus. À 17 ans, j'ai demandé le baptême pour témoigner de ce qui s'était passé dans mon cœur.

## Seigneur, pourquoi ces souffrances ?

La vie, pour autant, n'a pas toujours été rose. En effet, peu après mon baptême, j'ai eu la tristesse de perdre mon oncle Mickaël dans un accident de voiture... Mickaël était comme mon grand frère pour moi. Sa mort a été très dure à accepter. Je me suis posé beaucoup de questions par rapport à Dieu, la souffrance… Si Dieu est bon, pourquoi la permet-il ? Pourquoi est-ce que je dois subir cette épreuve alors que j'ai décidé de suivre Jésus ?... Petit à petit, Dieu m'a consolé et m'a permis de porter le regard un peu plus loin que notre vie sur terre. En effet, j'ai compris que la vie ne s'arrêtait pas ici-bas, et que Dieu avait un plan pour toute chose. J'ai également été consolé par le fait de savoir que je reverrai Mickaël, car il avait donné son cœur à Jésus; il est bien maintenant, il est auprès de lui.

## Un autre choix déterminant

J'ai aussi appris beaucoup de choses sur moi-même dans ma marche avec Christ : j'ai perdu beaucoup d'illusions, qui m'avaient conduit à me croire parfois meilleur que les autres en les critiquant rapidement. J'ai notamment vécu une situation délicate en entamant une relation avec une jeune fille qui ne partageait pas ma foi. Je me suis rendu compte que je pouvais critiquer et juger facilement des personnes chrétiennes en situation de péché, alors que je pouvais moi-même me comporter comme elles. Cette relation avec cette jeune fille a duré quelque temps, mais j'avais de grands combats intérieurs dans mon cœur, car je réalisais que nous n'étions pas sur la même longueur d'onde ! Je remercie le Seigneur encore aujourd'hui, parce que, malgré mes erreurs, il m'a épargné beaucoup de souffrances et de conséquences malheureuses. Il m'a aussi permis de rencontrer Corinne, il y a 5 ans. Quel privilège de pouvoir vivre et cheminer avec quelqu'un qui partage ce que l'on a de plus important, la foi. Avec Corinne, nous nous sommes mariés le 15 août 2009. Nous continuons à servir le Seigneur au sein de notre église et je réalise de plus en plus à quel point le Seigneur nous aime… et que tout n'est que grâce ! Jean-Daniel Greiner

*Ils ont choisi de vivre !*

# Récit 2

## Une vie au service du Maître

J'ai eu le privilège d'avoir des parents chrétiens. Dans une brochure rédigée en 1999, maman raconte...

### Frustrée

Exploitants d'une boulangerie florissante, parents de Claude (4 ans) et de Francis (quelques mois), nous aurions dû être heureux. Mais moi, je ne l'étais pas. Souriante derrière le comptoir comme les clients le demandaient, j'étais triste le soir, déçue, insatisfaite. Ce n'est pas ainsi que je me représentais ma vie de couple : on se voyait à peine, si ce n'est pour se disputer, et toujours à cause du commerce. Celui-ci s'était mis entre nous deux et perturbait nos relations.

Un évènement allait changer ma vie. Pendant quinze jours, l'Évangile était prêché sous un chapiteau dressé sur la place du marché. Des clients m'invitaient à participer à ces réunions, mais à chaque fois, je refusais. Je prenais très au sérieux ma religion luthérienne, je la croyais bien meilleure que celle des réformés ou des catholiques. (Ceux-ci avaient probablement la même opinion de la leur !) Je fréquentais les cultes et prenais part à la sainte cène, croyant que par elle mes péchés étaient pardonnés, comme on me l'avait appris. Alors, pourquoi me rendre sous ce chapiteau ?

Pourtant, un soir, épuisée et à bout de nerfs, ayant encore beaucoup de travail à accomplir, j'ai annoncé brusquement à mon mari que j'irais sous ce chapiteau. C'était pour fuir. J'étais la dernière, tout au fond. J''ai regardé autour de moi, je connaissais tous ces gens, je n'arrivais pas à écouter.

## Un tournant décisif

Puis, tout à coup, la voix de l'évangéliste m'est parvenue : « Qu'avez-vous fait pour votre vie matérielle ? » Je pense à nos réalisations, mais l'orateur poursuit : « Et qu'avez-vous fait pour votre âme ? » Là, je me suis révoltée ! Comment cet évangéliste se permet-il de nous interpeller ainsi ? Je lui en voulais, car j'étais convaincue que je pratiquais tout ce que je devais faire. Pourtant, cette phrase ne m'a plus lâchée.

Le lendemain soir, mon mari Édouard m'a accompagnée à la réunion, ainsi que ma maman et une de mes sœurs, Émilie. Nous voulions savoir ! C'est ce que nous cherchions sans le savoir et nous avons trouvé celui qui change les cœurs et donne une nouvelle vie, un sens, un but à notre vie, une assurance. C'est ainsi que j'ai ouvert la porte de mon cœur au Seigneur, en octobre 1953. Le Seigneur avait frappé à la porte de mon cœur. (Apocalypse 3 : 20) Il est entré et a fait sa demeure en moi. Il a fait le ménage en moi, a balayé mes péchés qu'il a pardonnés, après ma repentance. Je sais qu'il m'a préparé une place auprès de lui (Jean 14 : 2), je suis son enfant. Personne ne me ravira de ses mains (Jean 10 : 28).

## Christ change nos vies

C'est moi, Claude, qui écris la suite. Maman raconte ensuite qu'une deuxième sœur, Eugénie, a fait la même démarche de foi, alors que la plus jeune, Frieda, était plutôt réticente. Quelques années plus tard, à l'âge de 35 ans, Frieda était dans la phase terminale d'un cancer quand elle a décidé elle aussi de mettre sa confiance en Jésus-Christ. Dans sa grâce souveraine, Dieu l'a guérie et a rajouté ainsi presque un demi-siècle à sa vie. Maman témoigne ensuite du changement que représentait la gestion d'un magasin avec le Seigneur. Dieu dirigeait les choix à merveille. Puis vient un paragraphe qu'elle intitule :

## Mon compagnon de route me précède dans la gloire

Elle y raconte comment papa nous a quittés pour la patrie céleste le 15 février 1989, à l'âge de 69 ans, après avoir réaffirmé son espérance vivante. Elle ajoute : « Bientôt, je rejoindrai ceux qui nous ont précédés ! » Maman avait 80 ans quand elle a écrit cela. Mais plus de dix ans se sont encore écoulés avant son grand départ.

## Une évangéliste dans l'âme

Pendant sept ans, elle a continué ce qu'elle faisait pendant toute sa vie de chrétienne : témoigner de son Sauveur Jésus-Christ ! Lors d'un séjour en maison de cure, elle a réuni un petit groupe de partages et prières avec une curiste protestante et une bonne sœur catholique, dont elle reconnaissait l'amour pour Jésus malgré les différences doctrinales. Maman ne mettait pas d'espoir dans l'œcuménisme institutionnel, mais elle aimait à dire : « Nous ne voulons pas enlever aux autres ce à quoi ils s'attachent, mais leur partager ce que nous avons, l'Évangile de la grâce en Jésus, seul médiateur entre Dieu et les hommes. » Oui, maman témoignait de l'Évangile comme elle respirait. Elle avait un œil pour déceler les personnes qui vivaient une profonde détresse et elle leur transmettait l'amour du Christ, par son sourire, sa tendresse et ses paroles. Mon frère Francis semble avoir hérité de ce même don. Moi, beaucoup moins !

Maman sillonnait la région au volant de sa vieille Opel de 25 ans pour faire d'innombrables visites, et cela jusqu'à une alerte de santé sérieuse, à l'âge de 87 ans. Nous avons pu l'accompagner jusqu'à l'entrée du bloc opératoire. Maman était persuadée que le moment était venu pour elle de rejoindre son Sauveur. Rayonnante, elle nous a fait ses adieux et j'avais l'impression que j'accompagnais une reine qu'on menait sur son fauteuil roulant vers son couronnement ! Mon cœur pleurait, le sien jubilait ! Mais… l'opération réussit et la reine presque céleste est redevenue très humaine. Une deuxième alerte s'est déroulée pratiquement de la même manière. Quatre ans ont encore passé, dans une belle sérénité.

## Disciple du Christ à 90 ans

Une femme si énergique avait évidemment le travers d'être plutôt dirigiste, pensant devoir s'occuper de tout. À sa sortie d'hôpital, elle était devenue une aïeule dépendante, obligée à changer de cadre de vie. On aurait pu s'attendre qu'avec son tempérament, elle aurait eu du mal à s'adapter à sa nouvelle vie chez mon frère Francis et son épouse Martine. Mais, miracle de la grâce, elle s'est révélée docile et soucieuse de bien faire. Lors de ses promenades quotidiennes, elle prenait plaisir à parler avec tous ceux qu'elle rencontrait et en particulier avec un jeune homme solitaire. Il lui tenait à cœur de lui témoigner l'affection d'une vieille mémé et… l'amour du Christ. Au sein de l'Église évangélique, dont elle ne manquait aucun culte, elle était entourée de plusieurs jeunes, car elle n'oubliait pas de leur confectionner une carte à l'occasion de leur anniversaire.

## Arrivée à bon port

Maman est partie dans *la gloire de Dieu*[1] le 2 février 2010, dans une chambre d'hôpital. Deux heures avant de s'endormir paisiblement[2], elle mettait sa dernière énergie à chanter avec nous, ses enfants, les cantiques qu'elle aimait bien. Comme papa, deux décennies plus tôt.

(Sophie Schneider)

---

[1] C'était son expression pour parler de l'au-delà.

[2] Je ne prétends pas que tout décès de chrétien soit forcément paisible, malgré l'espérance vivante qui n'est pas à mettre en doute. Certains souffrent beaucoup, sont en proie à l'angoisse, même si leur attitude générale est faite de confiance.

# Suivre Christ, c'est le plus beau chemin !

Jeanne, ma chère cousine de 82 ans, n'a pas eu une vie très facile. Orpheline de mère, puis veuve, elle a dû faire face à de lourdes responsabilités qui ont ruiné sa santé. Mais elle rayonne d'une joie dont elle aimerait partager le secret...

## Mon enfance

Aînée de deux enfants, je suis née dans une famille protestante luthérienne. Chez nous, on remerciait Dieu avant de manger. Je vois encore mon grand-père, les mains jointes à la tête de la table ! Il était aussi de coutume que quelqu'un représente la famille au culte de l'église.

J'avais huit ans et demi et mon frère trois ans quand nous avons perdu notre chère maman. Comme l'existence de Dieu ne faisait pas de doute pour moi, je le priais chaque soir et lui confiais ma peine, comme toutes les autres. Je croyais que ma vie était en ordre avec Dieu…

## Je fonde une famille

À 24 ans, je me mariai, et nous avons habité chez mes beaux-parents. Ma belle-mère était gentille et douce. Mon beau-père, un homme droit et plutôt rude, dirigeait notre train de culture.

Mon mari et moi, nous avons eu trois enfants, dont une fille malade qui habite toujours avec moi. Hélas, à l'âge de 64 ans, j'ai perdu mon époux. Je suis actuellement grand-mère de 7 petits-enfants et arrière-grand-mère d'un garçonnet. Mais revenons un demi-siècle en arrière…

## Je m'éveille aux réalités de l'Évangile

En l'année 1957, la mère de Claude et Francis, ma tante Sophie, nous rendait souvent visite, et nous racontait comment elle avait trouvé Jésus-Christ comme Sauveur et Maître. Je n'avais aucune idée de ce que cela signifiait, mais j'étais intriguée. Aussi, quand elle m'invita à me rendre à des soirées d'évangélisation dans notre région, j'acceptai volontiers. Combien je suis reconnaissante à ma tante pour son témoignage persévérant de l'Évangile du salut en Jésus-Christ !

Mon oncle Édouard avait aménagé sa grande Estafette avec deux longs bancs rustiques à l'arrière. Il traversait notre village très lentement en klaxonnant. Tous ceux qui voulaient venir à l'évangélisation sortaient alors de leur maison et prenaient place dans la camionnette. Les gens donnaient à mon oncle le beau nom de chauffeur du ciel. Comme son épouse, il était un témoignage vivant du Seigneur Jésus !

Me voilà donc assise sous un grand chapiteau qui servait de salle d'annonce de l'Évangile pour deux frères, Ernst et Robert Bührer. En écoutant ces orateurs enflammés, je ressentis tout de suite que ces hommes avaient quelque chose que moi, je n'avais pas, même si je croyais aussi en Dieu, que je priais et que j'allais à l'église. Je compris qu'il me manquait Jésus-Christ comme mon Sauveur et Maître !

## Que de luttes dans mon cœur !

Deux années s'écoulèrent encore pendant lesquelles je fréquentais autant de réunions chrétiennes que possible, j'avais soif de Dieu et j'ai posé bien des questions aux chrétiens que je croisais. Ce qui m'arrêtait dans mon désir de suivre le Christ, c'était la pensée que mon mari, lui, ne manifestait pas d'intérêt aux choses spirituelles. Est-ce que je craignais de le perdre ? Toujours est-il que je suis restée hésitante, cela d'autant plus qu'une autre pensée me freinait : on me parlait d'un salut offert gratuitement par Dieu à cause de la mort de Jésus-Christ, mais... cela n'est-il pas *trop simple* ? Sans rien avoir à faire ?

Un jour, j'ai entendu l'évangéliste Henri Waechter dire au cours de son allocution : « Dieu sauve ceux dont le cœur est droit ![3] » Une voix intérieure me murmura : « Tu n'es pas droite ! » Le lendemain, chose extraordinaire, j'ai vu ma vie défiler dans ma tête comme un film. Aïe, tout n'était pas rose, et le film n'oubliait pas mes actions cachées mauvaises ! Même si je n'avais commis aucun délit punissable par les hommes, j'ai compris que j'étais pécheresse et que j'avais offensé Dieu !

## Ô joie, je deviens chrétienne !

Vint une soirée mémorable, à l'écoute de l'évangéliste Keller dans notre salon. À la fin de la réunion, plusieurs participants priaient à haute voix, louant le Seigneur pour son amour et son salut. Prier à haute voix ? Devant d'autres ? Oh non, je n'avais jamais fait cela ! Mais voilà qu'après un dernier combat intérieur, je balbutiais : « Ô Seigneur accepte moi, pauvre pécheresse ! » Mes larmes coulaient, mais une grande joie m'envahit, il fallait que j'embrasse quelqu'un, je me jetai donc au cou de mon oncle Édouard près de moi !

---

[3] Psaumes 7:11

Que Jésus est mort à ma place, je l'avais appris au catéchisme, mais je n'avais pas fait l'expérience de ce que cela impliquait dans ma vie ! Mais ce soir là, Jésus-Christ, dans sa grâce et sa bonté, m'a montré deux choses extraordinaires : d'abord, il m'a fait réaliser que j'étais perdue sans espoir à cause de mes péchés. Ensuite, j'ai compris que Jésus avait payé lui-même pour mes transgressions en versant son sang sur la croix. Ainsi, le salut gratuit, cela n'a vraiment pas été *trop facile* !

Le lendemain, je me suis mise à lire avidement la Bible – que je ne lisais pas auparavant – En Romains 5, verset 1, la Parole de Dieu dit : « Puisque nous avons été déclarés justes en raison de notre foi, nous sommes en paix avec Dieu grâce à notre Seigneur Jésus-Christ. »

Après avoir lu ces paroles, je pouvais croire que Dieu m'avait acceptée comme son enfant, car il était satisfait par le sacrifice de son Fils bien-aimé, qui était sans faute. Les versets d'Éphésiens 2 :8-9 disent : « Car c'est par la grâce que vous êtes sauvés, par le moyen de la foi. Cela ne vient pas de vous, c'est un don de Dieu ; ce n'est pas le fruit d'œuvres que vous auriez accomplies. Personne n'a donc de raison de se vanter. »

Mes beaux-parents, témoins comme aussi mon mari de ma conversion, se sont aussi tournés vers le Christ. Bien avant que je ne le connaisse, mon beau-père avait déjà expérimenté que Dieu l'avait délivré du fléau de l'alcool dont il était affligé. Quand il racontait cette délivrance, il concluait toujours par un couplet qui signifie : « Recherche Jésus et sa lumière ! Toute autre chose ne t'est d'aucun secours ! »

Dans son âge avancé, mon beau-père souffrait de dépression. Je l'ai surpris plusieurs fois à l'étable alors qu'il était en train de traire. Il criait les paroles prononcées par notre Seigneur Jésus : « Arrière de moi Satan, tu m'es un scandale ![4] » Il luttait donc contre le mal en lui ! Et il terminait par un tonitruant : « Jésus est vainqueur ! »

---

[4] Matthieu 16 :33

Le jour avant son décès, nous étions réunis autour de son lit à l'hôpital. Quand je lui ai tendu un verre d'eau, il s'est tourné vers moi avec un « Merci, ma chère ! » qui, venant de lui, valait tout l'or du monde ! Et il ajouta : « Le Seigneur est ma lumière et mon salut ![5] » Il s'est endormi paisiblement dans la paix du Seigneur. Plus tard, ma belle-mère aussi !

Cela fait 54 ans que j'appartiens au Seigneur Jésus. Il ne m'a jamais abandonnée ni déçue. Je suis humiliée de constater que moi, je ne le suivais pas toujours fidèlement ! Je veux donner gloire à Dieu en déclarant que suivre Christ, c'est le plus beau chemin ! Oh, ce n'est pas toujours celui que j'aurais choisi, mais c'est le meilleur !

Jeanne Loew

[5] Psaumes 27 :1

*Ils ont choisi de vivre !*

Récit 4

# Rescapés du désastre

À l'occasion des 80 ans d'Éliane, je suis allé l'interviewer, elle et son mari Charles. Une vidéo souvenir en a été réalisée. Je choisis de conserver le style particulier de l'entretien...

Bonjour, Charles et Éliane. Nous sommes dans votre salon pour nous entretenir ensemble de votre vie. Il y a tant de choses à raconter, car vous avez chacun huit décennies bien remplies derrière vous ! Vous avez été exploitants d'une poterie horticole. Vous avez deux garçons et une fille, et vous êtes grands-parents de 11 petits-enfants et de 4 arrière-petits-enfants. C'est bien cela ?

Éliane : Pas tout à fait ! En fait, nous avions quatre enfants. L'aîné, Daniel, s'est électrocuté lors d'une partie de pêche. Il avait 22 ans, était marié et père d'un petit garçon…

## Au bord du divorce (Charles et Éliane)

Vous êtes un couple charmant. On sent que vous êtes très attachés l'un à l'autre…

Charles : Il n'en a pas toujours été ainsi, de loin pas ! Nous avons même été au bord d'une rupture définitive dès le début de notre mariage. Nous habitions dans la maison de mes beaux-parents et c'est mon beau-père qui a été l'instrument de la séparation de notre couple. Je ne sais pas pourquoi cet homme ne m'aimait pas, mais il me le faisait sentir chaque jour et il prétendait diriger notre vie. Par exemple, quand nous allions travailler aux champs, il me faisait systématiquement travailler avec ma belle-mère, alors que lui faisait équipe avec sa fille, c'est-à-dire avec mon épouse ! Un jour, en rentrant au domicile, j'ai trouvé porte close, et on ne m'a pas ouvert ! C'est ainsi que j'ai dû me résigner à retourner vivre chez mes parents, et cela pendant deux ans…

Éliane : Cela semble incroyable, mais moi, à ma grande honte, je suis restée passive devant cette dictature paternelle. J'en souffrais beaucoup, mais chez nous, on ne s'opposait pas aux décisions de papa.

## Le bon Berger me cherche (Charles)

Stupéfiant, en effet ! Et comment vous en êtes-vous sortis, comment vous êtes- vous retrouvés ?

Charles : Pour comprendre cela, il faut que nous racontions ce qui a bouleversé notre vie entière. Cela a commencé par une drôle de rencontre, avant même notre mariage.

Un jour, voilà qu'un couple de cyclistes s'arrête devant notre maison et nous annonce, à ma mère et à moi, que c'était l'heure d'une émission de radio chrétienne. « Pouvons-nous l'écouter ensemble chez vous ? » demandèrent-ils ! Figurez-vous que nous avons accepté cette demande surprenante venant d'inconnus ! Et c'est ainsi que, pour la première fois, j'ai entendu l'Évangile de Jésus-Christ, mort pour mes péchés et ressuscité pour m'offrir une nouvelle vie. Tu vois, ce n'est pas moi qui ai cherché Dieu, c'est lui qui m'a cherché !

Dès ce jour, j'avais soif d'en savoir plus. Puis, j'ai fait la connaissance d'Éliane, nous nous sommes mariés et il y a eu cette affreuse séparation dont nous avons parlé. Alors, j'essayais de combler le vide de mon cœur et de calmer ma souffrance en me soûlant de musique. Sans résultat.

## Je trouve le bon Berger (Charles)

Où trouver de l'aide, dans ma grande détresse ? Un soir, j'ai suivi une curieuse impulsion qui me poussait à aller confier ma peine à… tes parents, Claude. Si je les connaissais ? Oh, pas du tout ! Je ne les avais jamais rencontrés. De par les rumeurs villageoises, je savais juste qu'ils étaient différents des autres gens, un peu *bizarres*, disait-on. Mais l'accueil, loin d'être bizarre, était chaleureux et je me suis vite senti à l'aise avec ce couple.

Au cours de cette soirée mémorable, j'ai pu exprimer toute ma souffrance. J'ai été écouté avec attention et ta maman m'a raconté comment ton père et elle ont vu leur vie transformée en venant à Jésus-Christ par la foi et la repentance. Nous nous sommes entretenus pendant des heures. Quand je suis reparti, je n'avais certainement pas encore tout compris, mais je savais une chose : J'étais désormais un homme nouveau, racheté par la mort de Christ sur la croix. Je n'étais plus une brebis perdue, errante, guidée par ses seules pensées, j'étais venu vers le bon Berger, capable de me guider dans ma vie et jusqu'à la vie éternelle avec lui ! J'ai pu aussi lui confier ma grande détresse conjugale !

## Moi aussi, je viens à Christ...(Éliane)

Éliane : Pendant deux ans, je traînais ma souffrance au fond de mon cœur sans trouver le courage de résister à mon père. Après ce laps de temps, il se trouve qu'une série de soirées de l'Évangile avait lieu sous un grand chapiteau, dans un village voisin. J'ai participé à ces soirées chaque soir pendant deux semaines ! J'étais surprise d'y voir... mon mari, qui était déjà chrétien à ce moment-là. Je l'évitais, le cœur déchiré : je ne pouvais désobéir à mon père ! (Je sais bien qu'une telle attitude est incompréhensible.)

Un soir, l'évangéliste Bührer nous interpela : « Si ce soir, il y a une seule personne qui veut se donner au Seigneur Jésus, cette soirée aura valu le coup ! » Alors, j'ai prié en disant à Dieu que j'aimerais bien être cette personne ! J'avais soif d'une autre vie, car je n'avais pas de paix intérieure...

Mon mari avait continué à m'écrire fidèlement. Un beau jour, je pris enfin mon courage à deux mains et je fis ce que j'aurais dû faire depuis longtemps : j'ai fait ma valise et suis allée rejoindre mon mari ! Nous avons alors loué un appartement en face de vous et c'est ainsi que moi aussi j'ai eu de nombreux contacts avec tes parents. À cette époque, l'évangéliste Henri Waechter prêchait l'Évangile chez vous. Après la réunion, j'ai pu déballer ma misère et mes péchés lors d'un entretien avec l'évangéliste. Celui-ci m'a montré que Jésus, le fils de Dieu, était mort à la croix pour me pardonner et qu'il voulait devenir mon Sauveur et Seigneur ! J'ai accepté cela avec bonheur. Ainsi, tous deux, nous étions sûrs que le Seigneur Jésus nous avait pardonné tous nos péchés, à cause de sa mort à la croix pour nous. Nous avions *faim* de la Parole de Dieu, nous étions avides de la lire et de l'écouter là où elle était prêchée.

### … et le couple se reconstruit (Éliane)

Notre couple était désormais reconstruit sur des bases solides et c'est avec reconnaissance que je pense aux années heureuses passées avec Charles depuis, malgré les problèmes dont nous parlerons tout à l'heure. Il était important pour nous de prier régulièrement ensemble.

Charles : Oui, pendant quelques années, nous vivions une vie tout à fait nouvelle ! Nous étions joyeux, car le fardeau de nos péchés avait été enlevé. Nous avons réglé des situations fausses, quand le Seigneur nous rendait conscients de nos torts. Nous aimions le Seigneur et voulions témoigner de ce qu'il a fait dans nos vies. Notre joie était aussi de nous réunir avec d'autres chrétiens…

### Je m'éloigne de mon Sauveur (Charles)

Pendant quelques années, dis-tu ?

Charles : Oui, j'aimerais bien dire que tout a continué ainsi, mais, hélas, mon cœur a petit à petit été pris par autre chose que Dieu et sa voie…

L'entreprise de poterie horticole que mon père m'avait léguée s'était bien développée. Tellement développée que je ne songeais qu'à l'agrandir et l'agrandir encore. Mon entreprise m'a absorbé à tel point que, sans le remarquer, je m'éloignais petit à petit de Dieu et des chrétiens. Et voilà que je me mis à ne plus être aussi rigoureux dans la gestion des comptes et acceptais des arrangements sollicités par des gros clients que je ne voulais pas perdre. De fil en aiguille, je me permettais des entorses à la morale, écoutant les « Tout le monde le fait ! » populaire. Vous comprenez que du coup, je suis devenu muet dans mon témoignage pour Christ. Un tel témoignage ne collait plus avec ce que je vivais. Alors que mon épouse restait fidèle au Christ, j'ai passé quelques décennies à vivre ma vie sans suivre mon Sauveur et sans me joindre aux réunions de l'Église.

## Il était moins une ! (Charles)

Et comment, après une si longue période, as-tu retrouvé le chemin vers le bon Berger de ton âme ?

Comme pour ma conversion à Christ, mon retour à lui est un miracle dont l'initiative revient à Dieu lui-même ! En 2010, j'ai été hospitalisé pour des examens qui se sont vite montrés rassurants. Mais c'était l'occasion pour un bilan de santé plus approfondi et ce qui en résulta n'était pas rassurant du tout : les examens révélèrent que ma carotide était quasi entièrement bouchée et j'ai été opéré d'urgence trois fois de suite en deux jours. Le chirurgien me dit : «Vous êtes arrivé pile-poil au bloc opératoire ! Vous auriez eu tout juste une demi-heure à vivre ! »

Vous vous doutez bien quel choc cela a été pour moi ! Dire que j'étais venu à l'hôpital pour tout autre chose et que j'ai pu être sauvé d'une mort certaine à la dernière extrémité ! J'ai remercié le chirurgien et son équipe, mais aussi mon bon Berger ! Je suis revenu repentant à celui que j'avais délaissé. Je sais qu'il m'a pardonné. J'ai retrouvé alors une conscience sensible à la voix de Dieu. Depuis, le Seigneur m'a déjà montré plusieurs comportements mauvais à régler et à abandonner ! J'ai pu demander pardon aux personnes que j'avais offensées…

## Une étape de vie difficile, mais vécue par la grâce de Dieu (Charles et Éliane)

Depuis, il y a eu l'AVC qui t'a cloué dans ce fauteuil, presque immobile et entièrement dépendant de ta femme et du personnel soignant. Pour un homme qui a été si actif, cela n'est pas facile ! Peux-tu nous dire quel est ton secret pour ne pas déprimer ?

Eh bien, d'abord je dois avouer que je déprime souvent ! Les heures sont longues dans mon fauteuil ! Et ce n'est pas évident d'être dépendant d'Éliane pour les déplacements et les gestes quotidiens, parmi eux, les plus intimes ! Ma femme doit souvent encaisser ma mauvaise humeur, je ne suis pas toujours très facile à vivre pour elle, je le regrette beaucoup !

Ce qui m'encourage ? D'abord, la présence aimante et les soins fidèles de mon épouse qui fait tout ce qu'elle peut pour m'encourager, alors qu'elle aussi voit son propre corps s'affaiblir (genoux douloureux…). Elle a une patience extraordinaire à mon égard !

Ensuite, j'ai le privilège de connaître et d'expérimenter chaque jour la bonté et la grâce de mon Dieu. Le Seigneur m'apprend à compter ses bienfaits, au lieu de m'appesantir uniquement sur ce qui ne va pas. Par exemple, je dors bien, je peux me lever tous les jours (même si c'est avec un système de releveurs), j'ai une épouse valide… Ce n'est pas le cas de tous ceux qui ont connu la même épreuve. Et puis, je peux me réjouir chaque jour d'avoir retrouvé mon bon Berger ! Enfin, cela me fait beaucoup de bien de rencontrer d'autres chrétiens.

Éliane : Oui, ce n'est pas toujours facile ! On *s'attrape* parfois pendant les moments les plus pénibles, mais on finit toujours par revenir l'un vers l'autre dans un esprit de grâce et de pardon. Puisse le Seigneur continuer à nous conduire vers le but, la vie éternelle avec lui !

Charles et Éliane Osswald

Charles est allé rejoindre son Seigneur quelques mois après cet entretien.

# Récit 5

## Un vieux couple au cœur si jeune

Lui, c'est Émile,
un ancien mineur de fond.
Son épouse s'appelle Béatrice.
De santé fragile, ils
rayonnent pourtant de joie !
Voici leur histoire.
C'est Béatrice qui commence...

### Complexée

Savez-vous quel message m'a été transmis dès ma plus tendre enfance ? « Toi, on ne peut pas t'aimer, tu n'es pas belle ![6] » Vous ne serez donc pas étonnés d'apprendre que j'ai connu une enfance difficile, que j'étais timide et bourrée de complexes. Même mariée et maman de deux enfants, je n'étais à l'aise qu'à mon foyer et évitais donc la compagnie des autres, ayant beaucoup de mal à communiquer.

### Une lueur d'espoir

Un jour, j'ai fait la connaissance d'une missionnaire et, par elle, d'un groupe de dames qui se réunissait régulièrement. Lors de la première rencontre à laquelle je participai, Betty Stevens, la missionnaire me dit :

---

[6] Note de l'auteur : j'en suis stupéfait. Béatrice est très jolie !

« Tu sais, Dieu a un projet passionnant pour chacun de nous. Il en a un pour toi ! » Cette phrase ne m'a plus lâchée. Rentrée chez moi, je soupirai : « Ô Dieu, si tu existes, as-tu vraiment un plan pour moi ? »

Bientôt, le groupe programma une excursion à Beatenberg, en Suisse, plus précisément à l'Institut biblique qui s'y trouve. Mon mari qui connaissait mon handicap m'a encouragée à participer au voyage pour me faire sortir de chez moi et me changer les idées. Cela a été l'occasion de découvrir quelque chose de la beauté suisse. Mais j'ai fait encore une autre découverte : je voyais dans le regard et le sourire de ces gens qu'ils avaient quelque chose que je n'avais pas !

## Je veux être sauvée, mais...

Les réunions bibliques ne m'ont pas dit grand-chose, mais le dernier soir, l'oratrice, le Dr Gertrud Wasserzug, parlait du salut, de Jésus mort sur la croix pour sauver celui qui vient à lui. Nous étions une centaine de femmes, mais je me croyais seule dans la salle au moment de la prédication. Quand elle a parlé du salut, je me suis posé la question : « Qu'est-ce qu'il faut que je fasse ? » Je voulais le salut, je me suis dit : « Quand je vais rentrer, je vais faire des efforts pour devenir meilleure. » Mais notre conférencière m'a expliqué qu'il n'y avait rien à faire pour être sauvée, que Jésus avait tout accompli à la croix. Il a donné sa vie pour mon pardon.

Tout de suite toutes sortes d'autres questions se pressèrent dans ma tête. Heureusement, notre oratrice m'a répondu : « Dieu a beaucoup de patience avec nous. Il va t'enseigner. Petit à petit, tu vas le découvrir. » Nouvelle angoisse : que va dire mon mari ? mon entourage ? mon amie à côté de moi ? La conférencière m'a répondu : « Quand tu te retrouveras devant le trône de Dieu, ni ton mari, ni ton amie, ni ton entourage ne pourront te défendre. Seul Jésus est ton avocat, lui seul peut te défendre. Et par Jésus, tu pourras rentrer dans la présence de Dieu avec lui. »

## Il n'y a plus de, mais !

Notre oratrice a tout récapitulé. Alors, j'ai saisi cette vérité, j'ai compris que telle que j'étais, je pouvais dire oui. J'ai dit « Oui. Seigneur, je veux t'appartenir. » J'étais très heureuse, j'avais accepté le Seigneur et une grande paix entra dans mon âme. Maintenant, je savais que Dieu allait s'occuper de moi et m'enseigner par sa Parole.

## Pas si facile de témoigner de ce qui m'est arrivé, mais...

Le lendemain, au retour, quelle a été la première chose que j'ai dite à mon mari ? « J'ai accepté le Seigneur Jésus dans ma vie ! » Par la suite, je voulais le dire aussi à ma famille, mais mes complexes ont repris le dessus. Je suis retournée aux réunions de dames. Les gens racontaient de la belle Suisse. Pour moi, cela n'était plus essentiel. Pour moi, c'était le salut en Jésus que j'avais découvert là-bas, et le fait que j'étais devenue une enfant de Dieu !

Comme je n'arrivais pas à le dire, j'ai pleuré. Je ne connaissais pas la prière, mais là, j'ai parlé à Dieu et je lui ai dit ma détresse. Une année après, je me retrouve sous un chapiteau d'évangélisation avec mon mari et mon beau-père. Timide, j'avais insisté pour être assise tout au fond...

Au début de la soirée, l'orateur[7] demande si quelqu'un avait un témoignage à donner de ce que Christ a fait dans sa vie. Et voilà que je me lève, comme poussée par une force irrésistible, celle de Dieu sans aucun doute. Et devant toute cette foule, je raconte simplement que Christ m'a sauvée de mes péchés et que suis devenue une enfant de Dieu.

## Et c'est parti pour une vie nouvelle passionnante

La missionnaire, Mlle Stevens m'a aidée à progresser : nous avons lu la Bible et prié ensemble. J'ai pu m'approprier des promesses

[7] Henri Pulver, de la Mission des marins de Marseille

précieuses comme celle de Jean 10 : 28 où Jésus dit : « Je leur[8] donne la vie éternelle : jamais elles ne périront et personne ne pourra les arracher de ma main. » J'apprenais aussi de plus en plus ce qu'est le péché, en tant qu'offense à Dieu et j'ai mis ma confiance dans le Seigneur pour qu'il me ramène toujours dans le bon chemin. Dans ces plus de 40 ans de vie chrétienne, j'ai vu la grâce, l'amour et la fidélité sans défaut de Dieu pour moi et pour les miens. Je jouis chaque jour de son pardon extraordinaire et j'aimerais le glorifier par ma vie pour le restant de mes jours. Je passe le relais à mon mari Émile...

## Mais qu'est-il arrivé à ma femme ?

C'est la question que je me suis posée au retour de Béatrice. Elle était censée faire un voyage d'agrément et voilà qu'elle m'annonce qu'elle a rencontré son Sauveur !? Je me suis mis à observer mon épouse et bien vite, j'ai dû avouer que petit à petit, je constatais des changements dans sa vie. Et comme elle recevait maintenant des missionnaires à domicile, je m'installais avec eux et écoutais ce qu'ils disaient. Je n'étais pas opposé, mais je ne comprenais pas l'importance de la démarche de ma femme. Il faut dire qu'élevé dans une famille protestante, j'aimais les choses de Dieu, le jeu d'orgue à l'église, etc. Mais pour moi, Dieu me semblait si lointain, inaccessible pour un petit être humain. Je ne savais que faire de lui. Pourtant, j'aimais raconter les histoires de la Bible aux enfants de l'école du dimanche de la paroisse. Toutefois, tout cela n'était qu'intellectuel, il n'y avait aucun retentissement dans mon cœur…

## Moi aussi, je change de vie

Deux années se sont écoulées. Un soir, ayant appris qu'il y avait une soirée d'annonce de l'Évangile, je pensais que cela ferait du bien à

---

[8] à mes brebis

un jeune de l'école du dimanche et je l'y emmenai. Mais c'est moi qui ai été touché par l'appel que Dieu me lançait au travers de l'évangéliste. J'ai pris conscience d'être un pécheur perdu et ce qui m'a marqué profondément, c'est que quelqu'un a payé le prix pour ce péché. Ce soir, c'est moi qui ai donné ma vie au Seigneur et je lui ai dit : « Je te donne ma vie, prends-moi comme je suis ! »

J'étais un accro de la cigarette, vraiment lié par la chaîne du tabac. Nous étions un couple sans grands problèmes, mais quand j'étais en manque de tabac, je devenais nerveux et méchant avec Béatrice. Ce soir-là, on peut dire que j'ai mis Dieu à l'épreuve : « Dieu, s'il te plaît, délivre-moi de cette passion ! Libère-moi !» J'ai jeté mes cigarettes, mais le lendemain, j'en ai volé une à mon beau-père, tant le besoin de mon corps était grand. Seulement voilà, après les premières bouffées, je me suis senti si malade que j'ai craché ma cigarette. C'était la dernière, j'ai vécu une vraie délivrance ! Ce grand Dieu qui me paraissait lointain, inaccessible, était devenu si proche et c'est en lui que j'ai mis ma confiance pour le reste de ma vie !

## Je veux être une lumière du Christ dans les ténèbres

En tant que mineur de fond, je connaissais un travail dur et rude. Dur et rude comme les hommes qui le pratiquaient… Les mineurs vivaient en général deux vies différentes : celle au fond, avec un langage rude et vulgaire et celle à la lumière du jour, bien plus convenable.

Maintenant que Christ était mon Seigneur, allais-je continuer à mener double vie ? Non, je résolus d'afficher clairement mon témoignage de chrétien par ma vie et mes paroles. Les réactions ne se sont pas fait attendre : Désormais, moqueries, railleries et quolibets étaient mon lot quotidien, chaque jour davantage. Je me rappelle qu'un jour, deux-cents voix se sont unies pour me traiter de jésuite, prêtre, saint ou curé…

Tout cela finit par me déstabiliser, je tremblais le matin en me demandant si j'avais commis une erreur et si je n'aurais pas mieux fait de garder ma foi pour moi. Et je priai : « S'il te plaît, Seigneur, accorde-moi une journée sans railleries ! » Ce jour-là, le chef m'envoya travailler avec un homme âgé hargneux. Je n'avais pas le choix et je m'attendais à ses moqueries brutales. Quelle surprise quand, arrivé dans la *taille*, il me dit : « Émile, assieds-toi, je veux te parler ! » Et là, à 636 mètres sous la terre, cet homme se mit à me raconter sa vie de misère sur fond d'alcoolisme. (Le matin, en arrivant au travail, il avait déjà vidé 4 à 5 cannettes de bière !) Et cet homme violent me dit : « J'ai vu que ta vie a changé ! Ce que tu dis, ça se voit dans ton comportement ! »

## Je veux persévérer malgré l'hostilité

Pour moi, cette expérience a été comme un déclic. J'ai vu que tous ces hommes rudes cachaient en eux le revers de la médaille, une misère énorme ! Cela me donna de la paix et du courage. Merci Seigneur ! Ainsi, j'ai pu tisser d'autres relations avec des collègues, des employés, des ingénieurs. On a crevé les pneus de ma voiture, mais je me suis dit : C'est contre le Seigneur, pas contre moi ! Et de fait, on pouvait beaucoup parler de Dieu (toutes les religions ont un dieu !), mais dès que je parlais de Jésus, c'était l'hostilité.

Tout cela m'a conforté dans mon choix et fortifié dans ma vie, dans celle de notre couple et nous n'avons eu d'autre ambition que celle de construire, construire et encore construire des relations saines et solides, avant tout avec notre Dieu. Cela fait cinquante ans maintenant que nous avons fait ce choix. Nous bénissons Dieu pour ce demi-siècle avec lui, que nous n'avons jamais regretté. Le Christ a rempli le vide de nos cœurs, nous a bénis et bénit nos enfants qui, par sa grâce, lui appartiennent.

Émile et Béatrice Schneider

# Le vouloir et le faire, le paraître et l'être

Maman de six enfants et mamie d'autant de petits-enfants pour le moment, mon épouse Sonia a partagé sa vie en tranches de vie de 20 ans chacune pour vous livrer le secret de sa joie...

## Enfant, j'aimais Jésus !

Aînée de cinq filles dans un milieu paysan, j'ai été élevée avec les valeurs solides du travail et de l'honnêteté. Mes parents m'ont inculqué ainsi une définition très tranchée de ce qu'est quelqu'un de bien. Mais j'ai assez vite compris que *vouloir* et *faire* n'allaient pas toujours le même chemin, ni *paraître* et *être* ! Côté religion, la devise de ma famille était : ni trop, ni trop peu ! Surtout pas d'excès.

J'aimais l'école où je réussissais mieux que dans les travaux de la maison et de la ferme. J'aimais les histoires : celles de Jésus comme celles de Napoléon et aussi les contes. Mais grâce à un instituteur chrétien, Jésus est devenu pour moi plus important que Napoléon et il n'était pas du tout un personnage de conte. Je peux dire que je l'aimais. À 12 ans, j'avais ma Bible, que je lisais. Avant, je lisais déjà le Nouveau Testament.

À 14 ans, selon l'usage protestant, j'ai été *confirmée*. Pour moi, c'était un engagement réel d'obéir à Dieu et j'ai pris au sérieux le verset que le pasteur m'attribua à cette occasion : « Tiens ferme ce que tu as, afin que nul ne te prenne ta couronne ! » (Apocalypse 3 :11)

## Adolescente, je tricote et détricote mes principes !

De mon adolescence, je retiens d'abord ma lutte pour bien faire en toutes choses. Que d'échecs, malheureusement ! Après la énième promesse non tenue envers Dieu, le doute a pris peu à peu le dessus. Pendant cette période, Dieu est resté fidèle. Il était à l'œuvre en moi. Mais moi, je me dépêtrais dans les grandes questions existentielles. Je tricotais et détricotais tour à tour mes principes. Je ne comprenais pas ce qui se passait en moi, je ne pouvais pas l'exprimer.

Une personne à qui je demandais conseil m'a suggéré de prendre un petit copain ! Hum ! On dit qu'être à deux, c'est pour résoudre des problèmes qu'on n'aurait pas tout seul ! Mais… les problèmes qu'on ne sait même pas poser tout seul, comment les résoudre à deux ?

Mon drame : je ne trouvais pas en Dieu l'ancre nécessaire pour m'y cramponner ni la manière d'être réconciliée avec lui et… avec moi-même ! Je ne pouvais pas me *la jouer*, au plus, je pouvais essayer de sauver la face. Au fond de moi-même, je savais que j'étais loin de ce que je voulais être !

## Plus des principes, mais une vie !

Mai 68. Il est interdit d'interdire. Vive la liberté ! J'avais vingt ans. Moi aussi, je pensais être libre, mais j'étais en fuite. Pourtant, à l'aube de cette 2e tranche de vie, je voulais savoir : et si c'était quand même vrai que Jésus est venu à Noël ? C'est alors que j'ai eu l'occasion d'aller dans un camp de Noël-Nouvel An *Spécial Jeunes*, dirigé par Nicolas et Édith Kessely. Quelle bonne occasion pour approfondir mes réflexions !

Et là, avant même que l'année ne se termine, j'ai pu ouvrir la porte de mon cœur à celui qui m'a aimée et cherchée pendant si longtemps.

J'ai pu déposer ma « laine » usée par tant de tricotages et de détricotages ! Avec l'an neuf, ma deuxième tranche de vie a donc commencé avec Jésus ! Il m'a pardonné mon péché d'avoir vécu sans lui, par sa mort pour moi à la croix. Il ne m'a jamais laissée, et j'ai dû apprendre que c'est en lui que j'ai la vie. Il me connaît telle que je suis.

Le vouloir et le faire, le paraître et l'être se rejoignent en Jésus Christ : c'est enfin l'harmonie ! J'ajoute quand même qu'à ce jour, je suis encore en train d'apprendre à laisser Christ créer quotidiennement cette harmonie en moi ! Ce n'est jamais acquis une fois pour toutes, mais je suis en chemin !

## Une nouvelle créature, moi ?

D'après la Bible, j'étais une nouvelle créature, dès lors que Christ était mon Sauveur et mon maître. Les Écritures appellent cela une nouvelle naissance, donc une naissance dans la famille de Dieu !

Mais à l'époque, j'avais du mal à discerner dans ma vie ce qui était *nouveau* ! Dans mon désarroi, j'allais voir le pasteur Hartnagel. Il m'a demandé : « Comment as-tu reçu le Seigneur Jésus dans ton cœur ? » Je répondis : « Par la foi ! » Il ajouta ! « Eh bien, de la même manière, marche avec lui ! » Je compris ainsi peu à peu que je ne devais pas me préoccuper d'ausculter mes sentiments, mais plutôt de me tenir près de mon Seigneur et de lui faire confiance ! Combien je suis reconnaissante pour l'aide de ce serviteur de Dieu, ainsi que pour celle de Daniel et Ursula Herrmann, au sein du groupe de jeunes que je fréquentais alors.

Mes progrès dans ma nouvelle vie n'étaient pas linéaires... Mais je savais une chose : que la vie était dans le Seigneur Jésus, et pas ailleurs et qu'il saurait me conduire ! J'ai appris l'importance de la Parole de Dieu. Et Dieu était fidèle.

## Parents d'une petite tribu

C'est dans cette 2e tranche de vie que j'ai rencontré Claude, qui est devenu mon mari. Ensemble, nous marchons avec le Seigneur. Six enfants ont enrichi notre foyer. Chaque naissance a été une grande joie. Double joie pour la fin de la série, car il s'agissait de jumelles ! Mais vous vous doutez bien que gérer cette famille n'était pas toujours évident. Souvent, j'agissais dans l'urgence. Il y a sûrement plein de choses que j'aurais dû faire autrement : on aimerait parfois pouvoir retourner en arrière et corriger le tir ! Mais cela n'est rien comparé à la 3e tranche de ma vie, celle où les enfants sont entrés l'un après l'autre dans l'adolescence…

## Vivre Christ au quotidien

J'ai repris mon activité professionnelle d'enseignante. Ça bouge beaucoup à la maison. Les relations avec les enfants ne sont pas toujours faciles. Que c'est compliqué d'avoir au bon moment la bonne attitude ! Certains de nos enfants se sont tournés vers le Seigneur à leur tour, et c'est merveilleux d'être en communion autant spirituelle qu'affective avec eux. Quel privilège de pouvoir partager nos expériences avec eux. Pour les autres, c'est vrai que le Seigneur les aime infiniment plus que nous. Il ne voudrait pas que l'un d'eux se perde, mais qu'il se convertisse et qu'il vive. Mon mari et moi, nous prions régulièrement pour que cela se produise bientôt pour chacun. Mais nous nous interrogeons : pourquoi, en nous voyant vivre, n'ont-ils pas envie de connaître le Seigneur ? Cette préoccupation nous fait ressentir le besoin d'être davantage transformés en l'image de notre Seigneur ! C'est dans son programme de faire en sorte que notre *être* soit en accord avec notre *paraître*.

Il est vrai que dans certaines situations, même notre *paraître* n'est pas très glorieux ! Par exemple, un dimanche au culte, nous avions eu un excellent message sur le pardon. Au retour, j'ai fait à l'un de nos

grands garçons une remarque qui ne lui a pas plu. Il s'est senti agressé et a réagi. Je l'avais blessé, et la seule chose qu'il me restait à faire, c'était de lui demander pardon. Et j'ai compris deux choses :
On peut avoir *de bonnes raisons* de se fâcher et... ne *pas avoir raison* de le faire ! Et prier pour mes enfants permet que mon cœur change par rapport à eux, et que je tente plus rapidement de rétablir les relations perturbées. Je crois bien que cela vaut pour tous les rapports humains !

## Et pour la dernière période de ma vie ?

Quel est le plan du Seigneur pour la dernière partie de ma vie ? Il faut que Christ croisse en moi et que moi, je diminue ! Combien de temps aurai-je pour mieux le connaître ? Je n'en sais rien, mais je suis heureuse que, en tant que retraités, mon mari et moi, nous ayons le temps de lire sa Parole tous les jours et de partager nos découvertes ensemble, puis de prier ensemble ! Ainsi, nous connaissons toujours mieux notre Dieu ! Et je me réjouis qu'un jour, je le connaîtrai comme il me connaît ! Il est digne d'être connu, lui qui m'a tant aimée qu'il m'a attirée à lui et qu'il a effacé toutes mes fautes.

Sonia Schneider

# Du désert à l'oasis

Dans un Liban déchiré par la guerre civile, Antoine, d'origine « chrétienne », détestait les musulmans. Pourtant, un jour, avec son épouse Dominique, il créée les groupes Oasis qui leur apportent l'amour et l'accueil du Christ.

Mais que s'est-il donc passé ?

## J'ai grandi avec la haine du musulman en moi

Je suis né à Beyrouth au Liban, dans les quartiers est où vit une population en majorité dite chrétienne et dans un contexte de guerre civile. On m'avait appris que les musulmans étaient nos ennemis et j'ai grandi avec un sentiment de haine envers eux. Et cela d'autant plus que mes grands-parents maternels étaient arméniens et avaient vécu, en 1915, le génocide des Arméniens par les Turcs musulmans, lors duquel plusieurs membres de notre famille avaient été tués.

C'est dans ce contexte que, en 1958 et pour la première fois, j'ai eu l'occasion d'entendre le message de l'Évangile par des voisins de mes grands-parents, dans le quartier arménien. Dans les années qui ont suivi, j'étais toujours impressionné lorsque je lisais certains passages bibliques. Un jour j'ai même dit à Dieu : « Je sais que la vérité n'est pas dans la religion, mais dans ta Parole seule. Si j'ai un jour le temps de bien la connaître, je te servirai comme les premiers chrétiens et les apôtres ».

## Guerre civile dans mon pays…

Des événements importants se sont produits durant ces années, comme la « guerre des Six Jours » en 1967, et en 1973 la guerre du Kippour entre Israël et les pays arabes. Ils eurent pour conséquence une présence accrue des Palestiniens au Liban qu'ils utilisaient comme base pour essayer de récupérer leur territoire. De son côté, Israël venait riposter contre ces bases palestiniennes. Les Libanais étaient souvent pris en tenaille entre les deux belligérants. L'armée libanaise est entrée plusieurs fois dans ce conflit pour tenter de défendre sa souveraineté. Une grande partie des musulmans libanais voulait soutenir les Palestiniens. De l'autre côté, plusieurs milices dites chrétiennes ont été créées afin de se débarrasser de la présence de l'armée palestinienne. En 1975, pendant mon service militaire, la plus terrible guerre civile que le Liban ait connue dans son histoire a éclaté et l'a plongé dans le chaos. Cela n'a fait que renforcer ma haine des musulmans, du monde arabe en général et des Palestiniens, Syriens et musulmans libanais en particulier.

Après avoir vécu une année dans cette situation et une fois mon service militaire terminé, je me suis trouvé devant un choix : soit m'engager dans une milice extrémiste, soit quitter le Liban.

## …guerre civile dans mon cœur

J'étais en effet partagé entre l'envie de chasser mes ennemis, même par la force, et mon envie de plaire à Dieu et d'être un bon chrétien. Certaines paroles du Seigneur résonnaient toujours dans mon cœur et me dérangeaient comme « Aimez vos ennemis » ou bien

« Pardonne-nous nos offenses comme nous pardonnons à ceux qui nous ont offensés » dans le *Notre Père*. Il y avait contradiction entre le désir de défendre mon pays et la nécessité d'aimer et pardonner à mes ennemis. J'ai donc décidé de quitter définitivement le Liban pour la France afin de ne plus entendre parler des Arabes et des musulmans.

## Miracle dans mon cœur : je me réconcilie avec Dieu...

Trois mois à peine après mon arrivée en France, j'ai rencontré des chrétiens évangéliques qui m'ont à nouveau parlé de l'Évangile. Je pensais remettre ce sujet à plus tard, quand, un jour, j'ai eu un accident de cyclomoteur qui m'a plongé dans le coma. En quelques secondes, j'ai vu défiler le film de ma vie, ce qui m'a donné une profonde conviction de péché. J'ai compris que j'étais perdu pour l'éternité si je persistais dans ma voie. J'avais une grande soif de mieux connaître Dieu. Je me suis mis à lire les Évangiles que j'avais reçus et à fréquenter une Église évangélique. J'étais d'accord avec pratiquement tout ce que j'y entendais.

Un soir, en lisant l'Évangile de Luc dans lequel on voit Jésus sur la croix pardonner à ses ennemis, je me suis senti un de ces ennemis. J'ai compris que, par la mort de Christ sur la croix, je pouvais être réconcilié avec Dieu, que tous mes péchés pouvaient être pardonnés. J'ai également compris que Jésus pouvait devenir mon Sauveur personnel et me donner une vie remplie de paix, de joie et d'amour ; que la vie éternelle était une réalité et qu'il me suffisait de confesser mes péchés à Dieu et lui demander de prendre la direction de ma vie. C'est ce que j'ai fait et le miracle a eu lieu : je me sentais léger, j'étais pardonné et rempli de la paix, de la joie et de l'amour de Dieu.

## ...et avec les musulmans !

La Bible devint ma nourriture. Le Seigneur me montra qu'il aimait les musulmans et était mort aussi pour eux. Ma haine pour les musulmans et les Arabes disparut de mon cœur. Le Seigneur me montra aussi que les musulmans avaient besoin d'entendre l'Évangile afin qu'ils puissent le connaître et l'accepter comme Sauveur et Seigneur. Il a mis sur mon chemin plusieurs Arabes et musulmans. J'ai pu les apprécier et les aimer grâce à l'amour que Jésus mettait dans mon cœur. Ils sont devenus des amis et même pour certains, des frères dans la foi.

Une expérience m'a profondément marqué, en 1978 à Toulouse. Je tenais un stand biblique à l'université avec un frère dans la foi, Libanais comme moi et ancien phalangiste (mouvement politique et militaire fondé en 1936 par Pierre Gemayel). Un Palestinien de l'O.L.P. s'est approché et a voulu renverser notre stand, croyant que nous faisions de la propagande pour les phalangistes. Je lui ai dit que nos livres n'étaient pas politiques, mais parlaient de l'amour de Dieu. J'ai partagé mon témoignage et lui ai expliqué que Dieu aime tout autant les Palestiniens et les Juifs ; que Jésus est mort pour les deux peuples et qu'ils peuvent être réconciliés à travers l'œuvre du Christ. Ce Palestinien a été vivement touché, m'a serré la main et m'a dit : « Tu es mon ami maintenant ».

## Oui, les musulmans sont mes amis maintenant !

J'étais très encouragé dans mon témoignage auprès des musulmans. Plusieurs se sont convertis au Christ. Avec une amie algérienne de mon Église, nous avons eu à cœur de démarrer un groupe arabophone afin de permettre aux chrétiens d'origine musulmane d'être encouragés dans leur foi et aux musulmans d'entendre l'Évangile dans leur langue et leur culture, à travers les chants en arabe, les témoignages, l'étude de la Parole de Dieu. Quelques années plus tard, ces groupes sont devenus les groupes *Oasis* qui sont un petit pont entre la culture arabe et les Églises locales.

Je me suis marié, et le Seigneur nous a appelés, mon épouse et moi-même, à le servir auprès des musulmans. Dans le cadre de cet engagement, le Seigneur m'a permis de voir la puissance de pardon et de réconciliation que l'Évangile apporte dans la vie de ceux qui se tournent vers lui. J'ai vu des Arabes, des Berbères, des Arméniens, des Turcs vivre ensemble le pardon et la réconciliation, en France, mais aussi en Afrique du Nord ou au Liban.

## La puissance du pardon

Quand j'ai eu la joie de retourner au Liban en 2002, accompagné de mon épouse Dominique et de deux de nos enfants, j'ai pu voir l'œuvre de Dieu parmi les « chrétiens » de tradition, mais aussi parmi les musulmans convertis (chiites, sunnites, Druzes). Beaucoup d'entre eux avaient accepté Jésus-Christ comme prince de paix et vivaient ensemble dans des communautés évangéliques. Un moment fort de notre séjour a été la visite du Séminaire Baptiste Arabe de Beyrouth. J'y ai rencontré un chrétien qui s'est présenté comme Palestinien, ancien Imam, converti à Jésus et en train d'étudier la Parole de Dieu.

Le pardon n'est pas utopique. Il est possible de vivre le pardon par la foi dans la mort et la résurrection de Christ.

> Si quelqu'un est en Christ, il est une nouvelle création. Les choses anciennes sont passées ; voici, toutes choses sont devenues nouvelles. Et tout cela vient de Dieu, qui nous a réconciliés avec lui par Christ, et qui nous a donné le ministère de la réconciliation. Car Dieu était en Christ, réconciliant le monde avec lui-même, en n'imputant point aux hommes leurs offenses, et il a mis en nous la parole de la réconciliation.[9]

Antoine GILARDI

---

[9] 2 Corinthiens 5.17 à 19

# Récit 8

## Je suis un privilégié !

Non, Roland n'a pas gagné à Euro-Millions et n'est pas le PDG d'une multinationale !
Ce responsable des ressources humaines et formateur au sein de l'association missionnaire *France Pour Christ* vous livre son secret...

### De la Bible à Hara-Kiri

J'ai eu le privilège, oui, le privilège, de naître dans une famille alsacienne où le nom de Dieu était honoré. Ce qui fait qu'en tant qu'enfant j'ai tôt été mis en contact avec la Bible et les valeurs chrétiennes. J'ai aussi eu le privilège, déjà en tant que préado, de fréquenter une colonie chrétienne en été. Je me souviens particulièrement de ce camp en Suisse qui m'avait impressionné et donné envie de vivre l'Évangile de façon très impliquée. Hélas, ce n'était qu'un feu de paille ! Les tourments de l'adolescence allaient avoir raison de ces bonnes dispositions. Les copains bringueurs, l'attrait de la gent féminine, allaient l'emporter sur mon intérêt pour l'Évangile. Mai 68 étant passé par là, j'ai eu une envie forte de vivre cette nouvelle liberté proclamée et promise. De plus en plus, j'ai développé des convictions anarchistes. « Charlie Hebdo », « Hara-Kiri » et d'autres revues de même tendance, sont devenues mes lectures favorites. J'ai aussi été attiré par la protestation sociale contre tout ce que je percevais comme étant une injustice. Mon regard sur la société devenait de plus en plus critique. Au final, tout cela n'était pas bien méchant, peu d'actions, si ce n'est la participation à quelques grèves... mais pas mal de discours ! À cette même époque, je me suis aussi pris de passion pour la moto. Permis à 16 ans, et débuts avec une vieille Peugeot 125 trafiquée. Puis, les virées avec les copains. Et bien sûr le look qui va avec, cheveux longs, chemise à fleurs et pattes d'éph... au désespoir de mon père ! Il trouvait que cela n'était pas bien sérieux pour un jeune homme, ce qui bien sûr renforçait ma détermination à me démarquer de cette société bien-pensante et esclave de ses valeurs rigides et passéistes.

## Nostalgique du paradis perdu

Ce qui est étonnant, c'est que malgré toute cette protestation, parfois cette révolte d'écorché vif, il restait au fond de moi la nostalgie de cette relation avec Dieu que j'avais un moment entrevue. Il m'arrivait assez fréquemment, même après une soirée un peu « mouvementée », de ne pas pouvoir m'endormir sans réciter une comptine chrétienne que ma mère m'avait apprise dans mon enfance « Oh que ta main paternelle me bénisse à mon coucher... ». Pourtant ma relation avec Dieu n'avait rien de filial, si ce n'est celle d'un fils en complète rupture de ban.

## Mes grands-parents, des vies qui marquent

À cette même période, j'étais très impressionné par mes grands-parents paternels. Mon grand-père, ouvrier, avait le sens de l'humour, voire était volontiers farceur, ma grand-mère était plus réservée, mais sensible. Elle était aussi une femme de prière. Ce qui m'étonnait chez eux était leur attachement à la Bible et la mise en pratique de ce qu'ils en avaient compris, en toute simplicité. Et puis cette décision incompréhensible. Lors de la retraite de mon grand-père, alors que tout le monde pense à enfin profiter de la vie, ils ont fait le choix de vendre leur belle maison, donner l'argent, et s'engager à servir Dieu à temps plein. C'est ainsi que, quasiment jusqu'à leur décès, ils se sont mis au service d'œuvres chrétiennes, mon grand-père pour l'entretien, ma grand-mère pour des travaux administratifs. Ce n'était pas banal !

## Le témoignage lumineux d'un copain

Hélas, j'ai mis du temps à comprendre ce qui les motivait. Dieu a placé sur mon chemin Georges, un ami du même village, et qui avait fait les mêmes études. C'est ainsi que nous nous sommes retrouvés à la cité universitaire de Mulhouse, dans le même bâtiment, au même étage, la chambre en face, lui chrétien engagé, moi mécréant. Quelle patience n'a-t-il pas dû avoir avec moi ! Encore aujourd'hui je suis ému de la persévérance de son amitié à mon égard, malgré l'un ou l'autre tour pendable que je lui ai joué… et dont j'ai honte maintenant !

## Je (re)découvre l'amour de Dieu

Cette constance de sa bienveillance m'a finalement conduit à reprendre une Bible en main, et à recommencer à la lire. J'y ai découvert quelque chose que j'avais totalement oublié : Dieu m'aime. Au bout de quelques semaines de lecture, j'ai été saisi par l'amour de Dieu pour moi. Cela m'a bouleversé ! Comment donc Dieu pouvait-il aimer quelqu'un comme moi ? En Jésus-Christ, l'expression la plus forte de son amour, il le pouvait ! Il m'a aimé au point de donner sa vie pour moi… Qui d'autre ferait cela ? Merci Seigneur ! Cet élan spirituel vers Dieu allait me pousser à persévérer dans ma lecture de la Bible et à commencer à fréquenter une Église dont les membres avaient une foi vivante en ce même Dieu. Il était en train d'exaucer la prière fervente de ma grand-mère !

## Dieu travaille dans mon cœur

Mais il y avait un problème. Durant mes années d'errance spirituelle, je me suis lié à une jeune fille, Irène. Je lui ai parlé de mes découvertes spirituelles, et par la grâce de Dieu, elle a choisi de mettre sa confiance en Jésus-Christ pour son salut. Nous envisagions de nous marier. Mais voilà, notre relation avait débuté alors que nous étions l'un et l'autre bien loin de Dieu. Était-il juste de la poursuivre ? Cette question était un gros problème pour moi. Jusqu'au jour où, dans ma lecture cursive du prophète Ésaïe, je tombe sur le verset suivant :

« Malheur aux enfants rebelles qui forment des projets en me tenant à l'écart, déclare l'Éternel, et qui concluent des alliances sans se laisser inspirer par moi, accumulant ainsi péché sur péché » (Ésaïe 30.1). J'étais foudroyé ! J'avais l'impression que Dieu me parlait en direct et que j'étais cet enfant rebelle qui en fait à sa tête. Résultat ? Une accumulation de péchés. Je me suis effondré en larmes, à genoux devant mon lit, pour demander pardon à Dieu de mon péché de rébellion. Non, je ne voulais pas vivre une vie où le péché s'accumule.

Mais après l'orage, le soleil radieux. Autant j'avais pleuré en m'agenouillant, autant j'étais joyeux en me relevant. J'avais la certitude d'être pardonné et d'être réconcilié avec mon Père céleste. Et curieusement, par la suite la question du mariage n'était plus du tout un problème pesant sur ma conscience. Mais j'avais enfin capitulé, et c'était là le vrai problème ! Bien plus tard j'ai compris que le contexte d'Ésaïe parlait d'une alliance politique d'Israël avec l'Égypte au lieu de faire confiance à Dieu. Mon projet d'alliance au contraire était avec une jeune fille avec laquelle je pourrai servir Dieu.

## Au service de mon Maître avec joie

Finalement nous nous sommes mariés, et Dieu nous a amenés en Côte d'Ivoire pour deux années de service civil dans une mission chrétienne. Ces deux années vont profondément nous marquer et développer en nous la conviction que Dieu nous appelle à le servir à temps plein. Nous y avons mis du temps, mais nous avons fini par comprendre que ce n'était pas en Afrique, notre première pensée, mais dans notre beau pays de France qui lui aussi a grandement besoin de l'Évangile. C'est là que Dieu nous voudrait pour la suite. C'est ainsi que nous avons la joie d'y servir le Seigneur depuis une trentaine d'années. Nous sommes parents de trois garçons. Ils ont vécu avec nous les joies du service, parfois aussi les difficultés. Nous sommes reconnaissants de les savoir aujourd'hui bien mariés. À l'heure actuelle, nous sommes les heureux grands-parents de six petits-enfants, le septième étant en route !

Roland Frauli

# Récit 9

## J'étais né pour vivre !

Marié avec Laureine, Francis est un collègue de Roland au sein de *France Pour Christ*. Il est aussi très actif dans l'association des donneurs de sang et le Cercle Bleu.[1] Voici son témoignage.

1 pour le positionnement sur le don d'organes.

Lorsqu'un homme a fini de croire en lui-même, ni la religion ni la philosophie ne peuvent remplir son cœur au point de donner vie à ses années.

### Une enfance faite de liberté

Toute mon enfance a été celle d'un *Robin des bois*. Avec mes parents et mes deux plus grands frères, nous habitions dans l'Aisne où mon père était chef de district des Eaux et forêts. Nous, les enfants, vivions dans cette forêt extraordinaire une aventure qui semblait ne jamais devoir finir. Pourtant, un jour elle a pris fin…

## Un tournant brutal

Je n'avais que 10 ans, quand, le 3 décembre 1966, mon père est décédé. Quel bouleversement ! Il fallait libérer cette maison forestière et déménager dans le Nord à Fourmies. Habiter dans un HLM ! Fini les grands espaces, la nature, les animaux. Pour la première fois de ma vie, je me sentais complètement seul, étranger à ce monde.

## Ma période *love and peace*

À presque 15 ans, fan de rock et de blues, j'ai fait le voyage à Bruxelles pour aller écouter Led Zeppelin en concert au Forest National. Là, j'ai découvert un autre monde : les marginaux, les doux rebelles à une société où tout semblait décidé d'avance. J'ai fumé mon premier joint durant le concert. Cette musique m'a fait rencontrer de nouveaux amis. Nous passions parfois des week-ends entiers à refaire le monde. Love and Peace, oui ! Mais en pratique ? Je m'intéressais aux différentes idéologies politiques espérant y trouver un modèle de société vraiment humain, mais en vain.

Entre 15 et 17 ans, les cheveux longs jusqu'au milieu du dos, je vivais pour ma passion, les concerts. J'organisais des voyages en bus pour emmener un maximum de lycéens. Ainsi, j'ai pu voir Led Zeppelin, les Who, Genesis, les Rolling Stones, Yes et combien d'autres. J'ai manqué régulièrement les cours au lycée et je fournissais de faux justificatifs de mes absences.

## Vers l'anarchie

Après avoir choisi la branche commerciale, j'ai réalisé mon erreur d'orientation. Moi, vendre et faire tourner ce monde-là ? Enrichir d'autres en faisant de l'ouvrier un esclave ? STOP ! J'ai donc renoncé au Bac. J'avais mon plan : Plus question d'être un pion de cette société. Je vais juste devenir un ouvrier avec un CAP pour ne pas avoir à galérer et ensuite je poursuivrai mon rêve : fonder une communauté avec mes amis.

Un ennui : le service militaire ! Servir l'armée française ? Pas question ! Même pas en tant qu'objecteur de conscience ! J'ai fait les démarches pour devancer l'appel à 18 ans. J'arrêtai mes études et, attendant mon incorporation, je passai mon CAP d'ajusteur mécanicien à Maubeuge en centre AFPA. Puis ça a été l'armée à Laon-Couvron. J'ai laissé ma mère seule, en l'assurant de mon proche retour !

Après 3 jours, je me suis fait passer pour un candidat au suicide en me tailladant le poignet. On m'a emmené à l'hôpital militaire de Lille. J'ai fait la grève de la faim pendant 12 jours. Puis, malaise, baisse de tension et… on m'a libéré ! J'avais vaincu l'armée française !

Un mois plus tard, j'ai été embauché comme ajusteur dans une petite entreprise d'une vingtaine d'ouvriers. J'ai eu la chance de trouver en Gérard un directeur vraiment patient et capable d'enfiler des bleus de travail pour m'apprendre ce que je ne parvenais pas à réaliser ! Grâce à lui, j'ai cumulé les fonctions d'ajusteur, régleur et contremaître.

## Anarchiste révolutionnaire

Pourtant, j'arrivais mal à accorder cette situation avec ma philosophie de vie anarchiste. Cette société, pensais-je, n'était qu'injustice. La seule solution serait de la détruire, tout raser ! Mais que mettre à la place ? Je pensais à faire sauter le pape, puis le président de la République pour interpeller le monde. Mais je savais qu'alors le pape serait un saint martyr, et qu'un nouveau président remplacerait l'autre… Je ferai donc sauter le commissariat, de rage ! J'ai réussi à me procurer de la dynamite, mais impossible de l'utiliser. Ma conscience me disait : « STOP. Ces vies ne t'appartiennent pas ! » Alors, j'ai fait disparaître mon matériel si léger pour de tels projets funestes ! Ma devise n'était plus « Anarchie vaincra » ni « On rase tout, on recommence », mais « Une seule solution, l'autodestruction !»

## En quête d'amour et d'absolu

À Wignehies, notre communauté a démarré. Au fond, j'étais un jeune assoiffé d'amour et d'absolu. Pourtant là, dans cette mini société je constatais mon incapacité d'aimer les autres de cet amour que je recherchais tellement. Mais pourquoi l'homme ne peut-il être heureux ? J'avais le sentiment que l'être humain est bloqué, prisonnier et incapable de se libérer de son état misérable et égocentrique.

Puisque je ne pouvais apporter l'amour vrai et constructif, accepter une vie négative me semblait la pire des lâchetés. Il ne me resterait donc plus qu'à mourir ? Cette pensée a été pour moi un déclic et je me dis que si cette vie sur terre me paraissait insensée, peut-être fallait-il regarder plus loin. Ou plus haut ?

À partir de ce moment, je n'avais plus qu'une seule question : « Et si Dieu existait ? » Je savais qu'aucun homme ne peut apporter la vérité. J'avais lu bien des écrits religieux : la méditation bouddhique, le Taoïsme, le Coran, etc., et bien des écrits philosophiques. Mais le livre qui m'a impressionné, c'est celui des Pensées de Blaise Pascal. L'auteur y décrit la condition et la nature humaines avec une sagesse remarquable. Pascal met le lecteur au défi de lire la Bible et de laisser Dieu parler avant de le rejeter ! J'ai donc acheté une Bible en librairie, décidé à la lire entièrement.

## À Dieu de parler maintenant, s'il existe !

Je me mets à lire l'Ancien Testament, et je suis frappé par l'amour sans limites que Dieu porte à son peuple. Un Dieu qui pardonne sans se lasser malgré les incessantes rébellions contre lui ? Je comprends alors que, comme le peuple d'Israël, je suis rebelle et désireux de satisfaire mes passions... au mépris de toute conséquence. Je n'avais vécu jusqu'à ce jour que pour moi-même, sans chercher à rencontrer Dieu. Je réalise alors que je suis séparé de lui, et dans l'impossibilité de connaître son amour. Je me sens pécheur et indigne de lui.

La Bible montre que Moïse offrait des sacrifices pour les péchés du peuple. Un agneau était mis à mort, et le pécheur pouvait être pardonné, car la justice de Dieu était satisfaite ! Je fais le rapprochement avec la mort de Jésus-Christ. Le Fils de Dieu est mort pour mes péchés, jugé et condamné à ma place.

## Jésus dans mon cœur, révolution dans ma vie !

Un soir, désespéré, je décide de prier. Je lui demande de me pardonner de ne pas avoir vécu pour lui et je lui confie toute ma vie. Presque aussitôt, une conviction profonde s'établit en moi : mon cœur est purifié. Je suis en paix et satisfait par son amour. La Bible, Parole de Dieu, devient pour moi la seule et unique révélation.

Je quittai cette communauté et pris soin de ma mère pour obéir à Dieu. Puis, mon désir de servir Dieu m'amena à faire une formation biblique et m'engager dans le service de mon Père céleste ! Ceci est le début de l'œuvre de Dieu dans ma vie. Je sais que je suis sauvé. Je serai dans l'éternité avec lui ! Dans le quotidien, je m'appuie sur lui et sur sa Parole, car ma vie lui appartient et j'expérimente la réalité de son amour si merveilleux et puissant.

Reconnaissant à Dieu, Francis Aschbacher

# Récit 10

## Je voulais tant que ma vie sonne *juste* !

Quand on connaît Pascale comme professeur de chant et comme animatrice de deux chorales, on est étonné d'apprendre qu'elle a un parcours mouvementé derrière elle. Elle raconte...

### Ce n'est pas l'amour qui m'a étouffée pendant mon enfance !

J'étais la 6e d'une famille de 7 enfants, avec un écart d'âge de 20 ans entre le premier et le dernier. Dur, dur d'être proche de frères et sœurs un peu trop grands ! Mon père était quelqu'un d'assez autoritaire. Il le fallait bien pour faire marcher droit toute la tribu, mais le problème, c'est qu'il n'était *que* très autoritaire, donc ni doux ni tendre. Jamais un mot gentil, jamais une expression d'amour, rien ! Je me soumettais, car je voulais aider à ce que les choses se passent bien, mais dans mon cœur couvait une forme de colère, d'amertume un peu rentrée.

Ma mère faisait ce qu'elle pouvait pour que ça se passe bien à la maison. Avec tant d'enfants, c'était une forme de renoncement que d'être tout le temps « maman », « maman », « maman »... Mais elle non plus ne savait pas exprimer ses sentiments maternels. Les seuls mots d'amour qu'on avait, il fallait les lire entre les lignes, entre les mots… C'était pareil dans notre fratrie : on était très durs l'un envers l'autre, il fallait vraiment décrypter les petites « tendresses » entre nous.

## Dégringolade dans la drogue

À 17 ans, j'ai quitté la maison. Comme toute adolescente qui se respecte, il fallait que je prouve à mes parents de quoi j'étais capable. Il le fallait, malgré leurs remarques destructrices continuelles comme « tu es nulle ! », « tu es bonne à rien !», « tu n'arriveras à rien !» qui avaient miné ma confiance en moi. Oui, il fallait que je montre à mes parents que j'existais.

Malheureusement, en quittant la maison un peu trop tôt, je n'étais pas du tout armée pour la vie, et assez naïve. J'ai rencontré des gens qui se droguaient, et je me suis dit : « tiens, pourquoi pas ? » J'ai essayé par curiosité, sans vouloir aller plus loin. Mais… bientôt, je me réveillais le matin en état de manque, et à midi il me fallait ma drogue en guise d'apéro, et puis au goûter, et puis le soir…

## Essai de m'en sortir

Et puis, il est arrivé un moment où j'ai fait un bilan. Ayant vu quelqu'un faire une overdose et je me suis dit : « ce n'est pas une vie, ça, ça ne peut pas continuer sur ce chemin-là ! » et j'ai décidé d'arrêter. J'ai crié mon besoin d'aide à ma mère, mais elle n'a rien voulu savoir, probablement parce qu'elle n'était pas armée pour réagir face à cette situation. J'ai donc arrêté de me droguer sans aide, et j'ai *grimpé aux rideaux* pendant une bonne semaine. C'est-à-dire que mon corps continuait à réclamer sa drogue. C'était vraiment terrible, terrible, et il me fallait bien d'autres semaines jusqu'à la désintoxication complète. Pendant cette année-là, je ne mangeais presque plus, j'étais vraiment dans un triste état, et je n'étais pas très belle à voir.

## Ma tête est encore intoxiquée !

Ce n'était pas tellement intéressant de me rencontrer à cette époque là. Seul mon corps était désintoxiqué, malheureusement ma tête réclamait encore sa dose de drogue ! Cela vous amène vraiment sur une autre planète, en déconnexion totale avec le monde extérieur. Par exemple, on ne sait pas ce que c'est que prendre des responsabilités quand on est accro à la drogue. Mon déménagement en Alsace n'a pas suffi pour désintoxiquer ma tête. Je me sentais incapable de m'en sortir toute seule. Je ressentais le besoin d'une aide extérieure. Mon mariage avec un gentil alsacien, Pierre, pourtant aimant et attentif, n'a pas suffi pour me libérer dans mon être intérieur. Des années ont passé.

## Tout va bien, mais... je pleure !

Auprès de mon mari, je me disais : « bon ben c'est super, je l'aime, il m'aime, tout va bien dans le meilleur des mondes, il est beau, grand, fort, intelligent comme j'ai rêvé, c'est le super prince que j'attendais !» Mais, pourquoi est-ce que je pleure, alors qu'il est à mes côtés ? Qu'est-ce qui fait que je me sente si mal dans ma peau, si mal dans ma tête ? En fait, ce mal-être découlait de mon questionnement perpétuel : « qu'est ce que je fais dans ce monde-là ? À quoi est ce que je sers ? »

## Mais qu'est-il arrivé à ma sœur ?

C'est ma sœur qui a su me guider vers une telle aide. Je savais qu'elle avait aussi eu un parcours bien mouvementé : elle avait très mal vécu son divorce, au point où elle avait envisagé de laisser ses enfants à nos parents et de se suicider ! Après un espoir de reconstruction avec son ex-mari, elle a été trompée pour la 2e fois, et elle a dégringolé de plus en plus bas. Par chance, par grâce, ses voisins, des croyants chrétiens, ont pris soin d'elle et lui ont témoigné l'amour du Christ : ils lui ont apporté toute l'aide matérielle et morale dont ses enfants et elle avaient besoin dans leur détresse. Ils ont aussi prié pour elle, et ils lui ont parlé de Jésus. Je sais que pour ma sœur, c'était quelque chose de très marquant, parce qu'à partir de là, sa vie a pris une autre tournure. Elle savait maintenant que Dieu pouvait avoir une part active dans sa vie au travers de l'œuvre de Jésus.

Ce changement radical de ma sœur nous a amenées à avoir des discussions très intéressantes et très longues au téléphone. Je suis allée régulièrement chez elle aussi, on se rencontrait fréquemment. Elle me parlait de Dieu, de Jésus, de l'œuvre de Jésus sur la croix, et surtout, elle m'expliquait comment Jésus pouvait actuellement être présent dans nos vies et les transformer.

## Le véritable bout du tunnel de la drogue

En écoutant ma sœur me parler, j'ai pris conscience que je n'avais plus aucun repère, je ne savais plus comment être, je ne savais pas comment exister en tant qu'adulte sans la drogue.

C'était un petit peu comme ça que j'avais commencé mes premiers pas dans ma vie d'adulte. Premiers pas, car un long chemin m'attendait. Le soir, il m'arrivait souvent de pleurer comme une fontaine et de me dire « mais qui je suis ? Pourquoi je suis là ? À qui je sers, finalement ? » Ce questionnement n'en était que plus douloureux après les discours dépréciateurs reçus dans ma famille. Moi, je voulais *sonner juste* [10], pour ma famille, je n'étais bonne à rien et je *sonnais faux*…

## Waouh ! je suis quelqu'un de si précieux aux yeux de Dieu !

Quel soulagement ! Quand ma sœur me parlait de Jésus, j'entendais comme une résonance en moi : « mais tu sers à quelque chose, tu sers à quelqu'un : tu as été conçue pour Dieu. Tu as été prévue par lui, tu as une place bien précise dans la grande histoire du temps ! Tu n'es pas un accident[11] ! » Et pour moi c'était quelque chose de – waouh ! – ré-vo-lu-tion-naire, cela ! C'est déjà fabuleux si un homme vous parle ainsi, ça donne une confiance en soi ! Mais entendre un tel langage de la part de Dieu, le Créateur du ciel et de la terre, apprendre que j'étais quelqu'un de précieux pour lui, cela a eu un impact qui a changé toute ma vie…

---

[10] Rappelez-vous : Pascale est musicienne ! (note de l'auteur)

[11] Contrairement au langage maternel qui nous avait tant blessés !

## Ma vie change !

À partir de là, Dieu m'a donné une dignité toute nouvelle. Je me voyais vraiment comme quelqu'un de sale : quand j'étais droguée, j'ai volé, j'ai sali mon corps – pas seulement avec la drogue, mais aussi avec le sexe – ça n'avait rien de glorieux ! Et c'est aussi comme cela que je me suis vue. Quand j'ai pris conscience que Dieu tournait les regards vers moi, je me suis dit : « waouh, un Dieu grand comme ça, qu'est ce qu'il a à faire avec quelqu'un d'aussi sale que moi ? »

Heureusement, dans mon entourage, il y avait aussi des chrétiens, qui formaient une Église, et qui ont été des repères, des balises dans ma vie chrétienne. J'ai pris conscience que, « oui bien sûr, Dieu m'aime, même si je suis sale. Et c'est justement *parce que je suis sale* qu'il m'aime – il n'aime pas la saleté en moi, mais il aime qui je suis. Il n'aime pas le péché en moi, mais il aime le pécheur, la pécheresse que je suis – et c'est pour cela que Jésus a donné sa vie pour moi.

Mon mari a cheminé avec moi dans cette quête de vérité, et c'est un an après notre mariage que, tous deux, nous avons tourné nos cœurs vers Christ. Après avoir cherché dans bien des directions différentes, nous avions compris que la seule vraie « résonance », la *note juste*, c'était Christ.

Pascale est chanteuse. La suite de son histoire s'articule autour de certains de ses chants.

## Via Dolorosa

Ce chant parle du chemin douloureux qu'a emprunté Christ pour nous vers la croix. Jésus montrait ainsi aux hommes le cœur même de Dieu. C'est vrai que Dieu est amour, mais il n'est pas que cela, il est aussi juste, il est aussi saint, il est aussi pur… – et Jésus a fait en sorte de « donner chair » à tout cela. Et dans toute sa vie, il a montré *qui* est Dieu en réalité.

Dans le jardin de Gethsémané, la douleur du Christ était tellement intense qu'il suait du sang. Je pense que cela a dû être une torture extrême que d'imaginer ce qui allait arriver ! Il savait qu'il allait mourir pour nous ! Mais en même temps, j'aime beaucoup ce verset de la Bible qui dit qu'*« à cause du travail de son âme, il s'est acquis un peuple nombreux »* Christ a choisi de donner sa vie pour me sauver, quoi ! Et voilà le point déterminant qui a fait que ma vie ait changé. J'ai fait un réel demi-tour, j'ai trouvé Christ, et je lui ai donné une place importante et primordiale dans ma vie.

## Pour tout ce que tu es

Alors, ce chant est très particulier pour moi parce que, la première fois que je l'ai entendu chanter, c'était en anglais, et je me suis dit : « il est fabuleux, ce chant ! », alors j'ai commencé à travailler sur sa traduction. Mais il fallait qu'il soit « vrai et entier d'abord en moi » pour que je puisse le partager *avec mes tripes* : il fallait qu'il *sonne bien*, au fond de moi.

Donc j'ai commencé à réfléchir un petit peu, à aligner sur une feuille qui était Dieu : alors… il est pur, il est saint, juste, parfait, il est amour (ce dont on entend parler le plus souvent), il est créateur... Et je me suis dit : « Waouh ! C'est un Dieu grand ! Un Dieu digne de révérence ! Comment est ce que maintenant je peux dire réellement « je t'aime pour tout ce que tu es » ? » Et il m'a fallu tout un temps de remise en question de moi-même et de compréhension de l'œuvre de Dieu pour pouvoir chanter ce chant. Il a fallu un temps de maturité pour que ce chant puisse vraiment être entier *dans mes tripes*, pour pouvoir le partager. J'ai donc dû faire un travail de recherche sur moi-même pour accepter cela, et pour pouvoir le partager ensuite. Maintenant, *ça sonne juste* !

## L'amour de Dieu

Voilà ce qu'exprime ce chant : l'amour de Dieu est fort et intense, et Dieu veut que chacun soit conscient de cela, parce qu'il veut que tous les hommes soient sauvés. Alors, bien sûr, la vie ne nous épargne pas. Bien sûr, il y a des choses terribles qui peuvent nous arriver, et parfois on n'a que des larmes, que des pleurs, une vie sale à proposer à Dieu ! Mais cela n'empêche pas Dieu de continuer à nous aimer ! Dieu nous aime trop pour nous laisser tels que nous en sommes. Il nous aime *comme nous sommes*, mais il nous aime trop pour nous *laisser comme nous sommes*. Cela veut dire que son amour est capable de transformer notre façon d'être, notre façon de nous voir, pour nous amener à la façon qu'il a de nous voir. Si, comme dit ce chant, on se laisse, « entourer par ses bras puissants », il est capable de changer nos chagrins en espoir, et changer le mal en bien. Ça, c'est la force de l'amour de Dieu.

Nous sommes tous potentiellement des voleurs, des menteurs, etc. Ce sont des choses que Dieu condamne ! Mais il ne fait pas que condamner. Il pardonne à celui qui se repent, et il est capable de tellement changer l'intérieur de notre cœur, que voler, mentir et tout le reste, cela devient… impensable !

Pour ma part, le fait de vivre dans le mensonge et le vol, etc., ce n'est plus possible, car ce n'est plus conforme à ma nouvelle nature ! Dieu change les natures, voilà ce qu'il est capable de faire. Il ne fait pas quelqu'un de meilleur, mais quelqu'un de nouveau. Si on accepte que Christ est mort pour nous, si on a la foi en Christ, tout simplement.

Pascale Bennmann

# Récit 11

## De la religion formaliste à une foi vivante

Maria est assistante maternelle et mère au foyer. Elle aide aussi son mari Didier au sein de l'association missionnaire *Mission populaire*. Elle raconte sa découverte du Christ...

### Ma pratique religieuse ne me satisfait pas !

Je suis née dans une famille catholique d'origine portugaise. Depuis mon plus jeune âge, on m'a inculqué l'existence de Dieu, donc j'ai grandi dans la crainte de Dieu, et avec la ferme conviction que la religion catholique était la meilleure. Comme je savais que j'étais mauvaise au travers de mes pensées, de mes paroles et de mes actes, je pratiquais avec foi et sincérité tous les rites catholiques.

Au fil des années, tout cela ne me procurait qu'une vague satisfaction et qu'une paix éphémère. Je désirais autre chose, tout au fond de moi, comme l'amour, la confiance, la paix véritable avec mon Dieu.

## Des questions plein la tête...

Lorsque mon père est décédé en 1984 à 52 ans, beaucoup de questions se sont bousculées dans ma tête, du fait de la dépense exorbitante de ma mère pour que mon père aille au « ciel ».

- Fallait-il acheter Dieu ?
- Qu'en est-il des pauvres alors ?
- Dieu est-il injuste ?

J'ai malheureusement constaté que ma foi était bien fragile et que ma religion ne n'apportait aucune réponse.

## ... et enfin des réponses !

Dieu agit dans la vie de ceux qui le cherchent sincèrement, car quelque temps plus tard, mon voisin m'a offert une Bible. J'ai commencé à la lire et j'ai découvert que Dieu s'adresse aux hommes à travers sa Parole. J'ai découvert dans la Bible, Jésus-Christ, son plan d'amour et de rédemption. J'ai enfin compris que Jésus est venu pour sauver ceux et celles qui acceptent son sacrifice à la croix.

J'ai accepté ce merveilleux cadeau, et j'ai compris que je n'avais plus besoin de faire des œuvres pour mériter le ciel et pour m'approcher de Dieu ; car c'est Dieu qui s'est rapproché de moi en Jésus-Christ.

Voilà vingt-cinq ans que je confie tous les détails de ma vie à Jésus et il a été fidèle en tout temps. En lui, j'ai trouvé la paix, l'amour, le pardon, l'espérance et la certitude d'avoir la vie éternelle après la mort.

Maria Conte

# Récit 12

## J'ai vraiment envie de vous dire...

Accident, maladie, on peut dire que Guy revient de loin ! Aujourd'hui, ce logisticien chez un grand constructeur de poids lourds communique avec enthousiasme ce qui a tellement changé sa vie...

### Bien dans ma peau et bien sur mes pédales

Ayant eu des parents qui m'ont montré de l'amour, je me suis senti bien dans ma famille, et avec mon frère et mes deux sœurs, on s'entendait plutôt bien. Ma grande passion, c'était le cyclisme de compétition sur route. Ça me faisait rêver quand je voyais le tour de France ! C'était là que je pensais vraiment pouvoir réussir ma vie…

Après mon bac, j'ai trouvé du travail comme monteur dans une usine de poids lourds en Allemagne. J'étais motivé par le salaire qui m'a permis de m'acheter rapidement un bon et beau vélo pour pratiquer mon sport favori, et une belle et grande voiture. Je réalisais qu'avec l'argent, on pouvait arriver à avoir une vie assez agréable ! Et donc tout s'est passé très bien. Jusqu'à un certain jour, six mois plus tard…

## Il s'en était fallu de peu !

Je rentrais du travail, quand je me suis endormi au volant, à huit kilomètres de chez moi, et... j'ai pris un camion de front ! Inutile de vous dire que j'ai vraiment frôlé la mort. Pendant cinq semaines, j'ai été en centre de soins, et dans un premier temps, on parlait de m'amputer de la jambe. Cela m'a été évité, j'ai si bien récupéré que je n'avais qu'une idée en tête : redevenir comme avant, refaire du vélo. Je voulais croquer la vie à pleines dents !

## Le cours de la vie reprend...

Et de fait, quelques mois après l'accident, j'ai rencontré Évelyne, ma future épouse. J'étais reconnaissant d'être toujours en vie et de pouvoir me remettre sur mes jambes, et bientôt je remontais sur mon vélo... La vie a repris son cours et je voulais en profiter au maximum.

## ... mais je m'interroge !

Par moments, les questions sur les origines de la vie et sur la mort me travaillaient. En observant la nature et en considérant le corps humain, je trouvais le monde merveilleusement beau, trop beau pour pouvoir être attribué au hasard. Pourtant, je n'osais pas non plus croire à un créateur, car je n'avais aucune certitude qu'un dieu existait. Parce que des religions, il y en a beaucoup et... laquelle dit vrai ? pensais-je.

## Confronté à la fragilité de la vie

Un jour, un très bon copain, cycliste de haut niveau, est mort subitement chez lui. Un arrêt cardiaque, alors qu'il semblait en pleine santé. Je n'ai pas voulu y croire, mais il fallait me rendre à l'évidence : on n'y fait rien, on ne choisit pas, on ne maîtrise pas grand-chose ! Même – et ça, je l'avais réalisé une première fois lors de mon accident – si on pense avoir les commandes de sa vie en mains. La vie est vraiment belle, merveilleuse, mais... elle peut s'arrêter. En un instant. Dans cette société, avec nos emplois de temps remplis, on n'a pas vraiment le temps de se poser ces questions, mais on vit vraiment sur un fil… Alors, je me suis dit : « c'est trop injuste, c'est trop tôt !» (il avait 25 ans) C'était vraiment inacceptable.

## Mais qu'y a-t-il après ?

Cela m'a amené à me poser des questions sur la vie après la mort. Et c'est là que je me suis demandé : « pourquoi la mort ? Et après ? » Je ne trouvais pas de réponses, malgré mes recherches. À partir de là, cette peur de la mort ne m'avait plus quitté, et ces angoisses étaient de plus en plus présentes…

Un jour, un collègue de travail, témoin de Jéhovah, m'a rendu attentif au fait que la Bible répondait aux questions que l'homme se posait. Ses amis et lui sont venus nous voir et j'aimais bien discuter avec eux. J'ai acheté leur Bible (traduction du Monde nouveau) et j'ai lu leur littérature. Sur certains points, je pouvais les rejoindre. Puis, absorbé par notre projet de construction de maison et notre déménagement, j'ai perdu le contact avec les témoins de Jéhovah. Cela ne me dérangeait pas trop, car je n'avais pas trop envie d'aller plus loin.

## Comme un coup de tonnerre dans un ciel bleu

Puis a eu lieu une certaine prise de sang qui a vu basculer mon univers. On a détecté que j'avais les transaminases élevées. Ça ne vous dit rien ? Moi non plus, à l'époque ! Mais là, j'ai appris que mon foie était malade. Les recherches n'ont pas abouti immédiatement. C'est suite à une émission sur l'hépatite C que j'ai vu que cela pouvait correspondre à mes symptômes. J'ai donc demandé à mon médecin de faire une recherche d'une hépatite C. Au final, c'était effectivement l'hépatite C et je peux vous dire que j'étais pris d'une angoisse terrible. J'ai donc été orienté vers un spécialiste à Strasbourg, un hépato-gastro-entérologue qui a pu trouver les mots justes me rassurer et tout m'expliquer. Une biopsie du foie montra que je n'étais pas encore trop atteint, j'étais à l'indice 2/20. J'ai pu dire « Dieu merci !» Un suivi a néanmoins été mis en place. Après 6 semaines de questionnements et d'angoisses (correspondant à la période d'attente des résultats de la biopsie) j'ai fini par retrouver une certaine paix. Pour me rassurer, je me répétais : « bon, j'ai encore le temps » et « ce n'est pas dit que je mourrai de ça ! »

## Dieu me cherche !

Quelque mois plus tard, j'avais suivi des reportages qui parlaient du 50e anniversaire de la libération des camps d'Auschwitz. Et là j'étais horrifié, j'ai réalisé que l'homme était vraiment capable du pire. Un soir, je parlais de cela avec la nourrice de mes enfants et son mari est intervenu dans la discussion. De fil en aiguille, il m'a raconté qu'il avait d'abord cherché la vérité chez les témoins de Jéhovah. Mais il n'était pas satisfait, et c'est en Jésus Christ qu'il l'avait trouvée finalement ! Et durant 3 semaines, quand je venais reprendre les enfants à 16h, il répondait patiemment à toutes mes questions existentielles qui étaient restées sans réponses. Ou plutôt, il me faisait découvrir les réponses de la Bible. Par lui, c'est Dieu lui-même qui me cherchait !

## Mes premiers pas vers la vérité

J'étais étonné que la Bible réponde à toutes les questions que je me posais. J'avais une soif d'apprendre incroyable et j'avais plein de questions : d'où est-ce que je viens, pourquoi je suis là, qu'est ce que j'ai fait jusqu'à aujourd'hui ? Pourquoi est-ce que j'ai fait cela ? Qu'est ce qu'il y aura après ? Et chaque fois, Didier me répondait par la Bible, me faisant découvrir l'existence de deux chemins : l'un se dirigeant vers l'enfer, en vivant loin de Dieu, l'autre vers le ciel, par Jésus ! Il me présentait aussi parfois une cassette vidéo, ou il me donnait un livre. Tout ce qu'il me donnait, je le dévorais, étant de plus en plus convaincu que la vérité était là. Ou plutôt que le Christ était lui-même la vérité. Nous avons lu ensemble Jean 14 :6 ou Jésus dit « Je suis *le* chemin, *la* vérité, et *la* vie. Et nul ne vient au Père que par moi. » Le chemin. Pas un chemin, *le* seul chemin, *la* seule vérité. Mais aussi *la* vie ! Une vie éternelle que Dieu promet !

## Ma conversion à... Jésus

Un soir, Didier m'a fait voir le film *Jésus*, qui retrace la vie du Christ sur terre, d'après l'Évangile de Luc. J'étais vraiment touché et interpellé par la personne de Jésus, ses paroles, ses actions... Et j'ai pu réaliser qu'il était mort pour moi. Jusqu'à ce jour, je ne me sentais pas si mauvais que ça (jamais tué, jamais volé). Mais, à la lumière de la Bible, j'ai découvert qu'il avait de nombreuses choses de ma vie passée qui ne plaisaient pas à Dieu. Et surtout, j'ai réalisé que, par ma vie coupée de Dieu, j'étais vraiment un pécheur, et que j'avais besoin d'être pardonné. J'ai compris que Jésus nous invite à venir à lui, et qu'il veut nous pardonner nos péchés. Et c'est cette démarche que j'ai pu faire avec Didier à la fin de ce film. J'ai invité Jésus à *prendre les rênes* de ma vie. Après une bonne dizaine d'années de vie chrétienne, je peux dire que cela a été le plus beau moment de ma vie.

## Premiers changements

Maintenant, ma vie avait vraiment un sens. La Bible a répondu à mes questions par rapport aux origines du monde et au mal qu'il y a dans ce monde (camps de concentration...) Elle dit que les derniers temps seraient de plus en plus difficiles et que le mal irait en s'accroissant. C'est bien ce que je constatais. Je comprends maintenant pourquoi il y a cette souffrance, cette douleur. C'est tout simplement le résultat du péché de l'homme ! Car nous, les hommes, nous avons décidé de mener chacun notre vie sans que Dieu y intervienne, à notre façon. Et face aux voisins, aux autres, il y a aussi des *collisions* et des *accrochages, pire,* des séparations, des déchirements et des guerres. J'ai compris aussi que, si Dieu nous donne les dix commandements, ce n'est pas pour nous mettre un joug, mais ce sont des bons conseils pour nous préserver des difficultés. C'est dans son amour qu'il nous les donne, ainsi que toute sa Parole.

## Je vois les choses autrement !

J'avais aussi des réponses quant aux religions. J'étais de tradition catholique, j'allais à la messe dans certaines circonstances, par exemple à Noël ou Pâques... je crois que c'était surtout pour me donner bonne conscience ! Mais ce que j'entendais ne répondait pas aux questions que je pouvais me poser. Maintenant, en lisant la Bible, j'ai vite constaté que les rites religieux et les sacrements ne collaient pas avec son enseignement et ne pouvaient satisfaire ni Dieu ni nos cœurs. J'ai compris que Jésus était *le seul médiateur* entre le Père et nous.

Avec l'aide de mon ami Didier, j'ai aussi pu discerner en quoi mes anciens amis Témoins de Jéhovah s'écartaient de l'enseignement biblique. Jésus-Christ n'était pas pour eux *Dieu fait homme* pour régler le problème de nos péchés. Leur traduction de la Bible ne collait pas avec les versions reconnues comme justes par toute la chrétienté. .J'ai compris que ces personnes ne pouvaient apporter un espoir fondé à mes questions existentielles.

## Et ma famille ?

J'avais vraiment une envie de crier ma découverte sur tous les toits, de la partager avec les miens, car je voulais qu'ils comprennent aussi. Au début ils se sont tous demandé ce qui m'était arrivé, ils ne me comprenaient plus ! J'ai vite réalisé que finalement, moi, j'avais bien mis 33 ans à comprendre ces choses et que j'étais incapable de convaincre, c'est Dieu qui convainc. Et c'est lui qui m'avait convaincu, en se servant des circonstances difficiles dans ma vie pour que j'arrive à réaliser que j'étais un pécheur et qu'il m'aime !

## Notre vie change

Tous les soirs, je ressentais le besoin de partager mes découvertes avec mon épouse à son retour du travail. C'était alors un enthousiasme partagé et je trouvais cela merveilleux. Trois semaines après, Évelyne a donné sa vie au Seigneur. Ainsi, nous avons rejoint ensemble une

Église où la Parole de Dieu est prêchée. Nous avons pu y rencontrer d'autres chrétiens, et cette communion fraternelle fait aussi partie de la vie chrétienne. On n'est pas seuls et on peut partager nos soucis ! Car être chrétien, ce n'est pas ne plus avoir de difficultés ! Mais dans les problèmes, le Seigneur est là, toujours prêt à nous aider au quotidien. Je voudrais vous dire ce que Jésus a déjà fait dans ma vie et dans notre famille. Il veut s'occuper de tout, merveilleusement bien, même les plus petits détails de ma vie. Il est vivant ! On peut lui parler, avoir une relation personnelle avec lui, par la prière tout simplement. Lui parler comme je vous parle à vous ! Lui exposer mes soucis, mes joies.

Quelques années après ce qui semblait être une rémission dans ma maladie, j'ai dû faire une 3e biopsie du foie. Je suis passé de l'indice 4 à 10… et ça, c'était vraiment une grande surprise. Une augmentation très brutale. Je craignais la cirrhose ou le cancer du foie. Il m'a fallu du temps pour digérer cette nouvelle, mais, un ou deux jours après, j'ai décidé de remettre cette situation entre les mains du Seigneur avec confiance. Et très vite, il m'a donné la paix et le réconfort dans cette situation.

Je dois dire que j'ai passé une période de plus d'une année très difficile. À la faiblesse physique s'ajoutaient les effets secondaires des médicaments (et des injections hebdomadaires d'interféron) : état dépressif, douleurs articulaires et musculaires. Je prenais jusqu'à 10 antalgiques par jour. Bien sûr, je ne pouvais plus faire de vélo. J'étais de plus en plus réduit à ne pas faire pas grand-chose ! Combien je remercie ma famille qui était près de moi, et surtout ma femme (on s'est beaucoup rapprochés pendant ces moments-là). Mais aussi les frères de l'église, qui m'ont apporté le réconfort et la consolation du Seigneur. Et j'ai voulu continuer dans l'optique de la pleine confiance au Seigneur. Ceci même si je ne devais pas guérir (mes chances de guérison n'étaient que de 30%, car j'avais le génotype le plus résistant, et un autre facteur aggravant c'est que j'en étais porteur depuis 20 ans).

## J'ai tant de joie à vous dire…

Heureusement, dès le début du traitement, j'ai pu constater que les transaminases ont commencé à revenir dans la normale, et c'était encourageant. Je sentais aussi que le Seigneur était là dans ces moments difficiles. Je pouvais lui remettre mes questions et mes craintes. Et ça, j'avais vraiment envie de vous le partager ! À chaque prise de sang, c'était le vrai suspense. Au fond de moi-même, j'espérais bien sûr guérir ! Mais j'étais aussi prêt à accepter que, si ce ne devait pas être l'issue, de toute façon, mes destinées étaient dans la main du Seigneur ! Là je pense à un verset, le Psaume 37 : 5 qui dit « Recommande ton sort à l'Éternel, met en lui ta confiance, et il agira ».

Ces versets, comme bien d'autres m'ont aidé à faire confiance au Seigneur, et j'ai désiré qu'avant tout, sa volonté soit faite. Je veux que lui puisse se glorifier dans ma vie, à travers les situations rencontrées. Ces épreuves m'ont amené à me rapprocher encore davantage de Dieu. Je lisais beaucoup plus la Parole, et je saisissais encore davantage la profondeur de sa Parole. Et je ne peux que le remercier de ce qu'il a fait dans ma vie.

Après un an d'arrêt de traitement, mes transaminases sont restées stables, et neuf ans après que ma maladie ait été dépistée, le médecin a pu m'annoncer que j'étais guéri. Alors qu'au début du traitement, il n'était pas vraiment question de guérison. J'ai alors profité pour donner mon témoignage au professeur. Je lui ai dit que le Seigneur utilise les médecins, il donne aussi les traitements, et permet qu'un traitement puisse agir…ou pas ! Et ça aussi, il faut l'accepter. Mais quand nous sommes dans les mains du Seigneur, c'est lui-même qui nous donne sa confiance, et qui nous permet d'accepter ce que nous pouvons vivre. Même si ça peut être difficile !

Mais il y a une espérance ! Dans Romains 6 : 23, il est écrit « le salaire du péché c'est la mort, mais le don gratuit de Dieu, c'est la vie éternelle en Jésus Christ ! » Moi qui avais une telle peur de la mort, je peux dire maintenant que si demain je pars, je sais où je vais. Il n'y a que le Seigneur qui peut mettre cette confiance en nous. Et ça m'a vraiment touché à l'époque, et encore aujourd'hui bien sûr ! On peut lire la Bible toute sa vie, on découvrira encore davantage de lumière sur notre chemin ! C'est pourquoi je la lis quotidiennement ! Nous avons bien besoin de nourriture chaque jour, on ne peut pas rester sans boire ni manger ! La Bible, c'est notre nourriture spirituelle dont nous avons besoin au quotidien pour notre âme ! Et ça, j'ai vraiment envie de le partager !

J'aimerais terminer avec le verset biblique de Romains 8 :28 : « toutes choses concourent au bien de ceux qui aiment Dieu ». Quand j'ai eu mon accident de voiture, je n'aurais pas pu trouver le *bien* dans ce qui m'arrivait, d'autant plus que je ne connaissais pas le Seigneur. Mais en regardant en arrière, je peux dire que pour moi, c'était un sursis que le Seigneur m'avait accordé pour que je vienne à lui. Et je le remercie encore. Je vis ce sursis déjà depuis plus de trente ans !

En faisant confiance en Jésus, ce n'est pas une foi aveugle, nous savons par expérience que Dieu nous conduit merveilleusement bien. J'ai cette espérance que même si je meurs demain, ce n'est pas la fin. Mais aussi, je sais que nous passerons l'éternité dans sa présence, au ciel ! Un lieu où il n'y aura plus ni pleurs, ni douleur, ni deuil, ni maladie ! (Apocalypse 21 :4 ) Un lieu que nul homme n'a vu et entendu. Le plus beau est devant nous, et cela me remplit de joie !

C'est ce que j'avais vraiment envie de partager avec vous !

Guy Werlé

# Récit 13

## L'extraordinaire héritage d'une vie ordinaire

Michèle a choisi le Seigneur dans sa vie depuis toute jeune.

Avec son mari Marc, elle a 5 enfants et exerce avec joie son rôle d'épouse et mère au foyer...

### Mon grand privilège : une famille chrétienne !

Je suis la dernière de 4 enfants dans la famille. À ma naissance, mes parents suivaient déjà le Seigneur Jésus dans son enseignement. J'ai toujours su que ce qu'on me disait de Dieu et que mes parents croyaient était la vérité. J'aimais les histoires de la Bible ! Surtout celle de David et de Daniel.

Nicolas Kessely, un jeune missionnaire suisse est venu s'installer dans la région. Il a fondé le groupe « Spécial Jeunes » qui avait à cœur de partager l'Évangile aux moins de trente ans. Les uns après les autres, mon frère et mes sœurs ont rejoint le groupe. Au fil des années, nos parents se sont aussi joints à l'Église évangélique qui est née de ce groupe de jeunes.

## Moi aussi, je veux être sauvée !

J'ai eu l'occasion de participer à un club d'enfants, dans une famille, où on nous racontait les histoires de la Bible. On m'a invitée à accepter Jésus dans mon cœur pour être sauvée de mes péchés. Moi, je le voulais bien, mais je n'avais pas encore saisi la gravité du péché. C'était une compréhension intellectuelle, pas encore un engagement de cœur....

Je me souviens d'un jour où il faisait très orageux et sombre dehors. Maman a fait une allusion au retour du Seigneur Jésus, et là, je savais que s'il venait maintenant pour chercher ceux qui croient en lui, je ne serais pas sauvée. La foi des miens me faisait envie !

## Christ devient mon Sauveur

C'est à l'âge de 13 ans que j'ai eu la permission pour la première fois de participer à un week-end de jeunes. C'est le missionnaire responsable de l'Église qui nous parlait de Jésus, de sa mort, du péché qu'il a pris pour nous à la croix. Et j'ai cru ce soir-là que l'orateur ne parlait que pour moi tellement je me sentais concernée. J'ai compris que Jésus est mort à ma place. Il m'a remplacé, et pris sur lui la punition que méritait mon péché. Si j'avais été le seul être au monde, il l'aurait fait pour moi, parce qu'il m'aime. J'ai compris son grand amour, et j'en étais submergée.

Après la réunion, que j'avais du mal à écouter jusqu'au bout, je suis sortie. Derrière la maison où nous étions, il y avait des sapins au bord d'un ruisseau de montagne, je me suis assise sur une pierre, sous les arbres, il faisait nuit. Et j'ai pleuré ! J'ai demandé au Seigneur Jésus de pardonner mes péchés, et je lui ai confié la direction de ma vie. En rentrant à la maison ce week-end, j'ai dit à mes parents ce qui s'était passé. Et quelle joie j'ai eue !

## Ma vie acquiert un sens : vivre pour Jésus !

Quels changements ont eu lieu dans ma vie ? Je n'avais plus besoin de mentir, de cacher des choses que je savais être mauvaises.

Ma conscience est devenue plus pointue. Maintenant je savais : je suis sauvée, et je veux vivre pour Jésus qui m'aime tant, et le servir.

Quand on est aimé, que quelqu'un vous aime, et que vous aimez quelqu'un, vous avez envie d'en parler. J'avais envie de le dire aux autres, de témoigner à mes amis de ce que Dieu a fait pour moi, et pour tous les humains ! Une vie qui valait la peine d'être vécue a commencé pour moi. Elle avait enfin un vrai sens, elle appartenait enfin à Dieu.

## Christ dirige mes choix de vie…

J'ai pu m'en remettre à lui, pour me conduire dans la vie de tous les jours, dans les choix déterminants de ma vie : scolarité, travail, engagements divers, et surtout, le choix du conjoint.

En fréquentant régulièrement l'église, j'ai eu un bon enseignement biblique qui m'a permis d'affermir ma foi. À seize ans, je me suis engagée dans l'équipe des responsables du groupe « Ados » de l'église. À dix-neuf ans, j'ai suivi pendant deux ans une formation de « disciples de Jésus » avec la mission France pour Christ. Puis retour à l'église dans le groupe des responsables pour les « + de 20 ans » et parallèlement un bénévolat comme animatrice d'une émission de la radio locale chrétienne où je prête encore aujourd'hui ma voix pour des enregistrements. En même temps, j'étais sans emploi et cette période de chômage n'était pas toujours facile à vivre, mais j'ai fini par trouver un poste dans un supermarché.

## … et en particulier celui de mon conjoint !

Les années passent et le désir de fonder une famille se fait ressentir surtout quand des amis autour de moi se marient. Le critère de choix le plus important pour le mariage, c'était que mon mari partage ma foi. Qu'il aime, et serve le Seigneur. Ce sont des paroles du Seigneur qui m'ont soutenue, comme dans le Psaume 37 v 4 et 5 où il est écrit « fais de l'Éternel tes délices, et il te donnera ce que ton cœur désire. Mets ta confiance en lui, et il agira. » Ou alors, l'évangile de Matthieu, au chapitre 6 v 33 qui dit : « cherchez premièrement le royaume et la justice de Dieu, et toutes ces choses vous seront données par-dessus. » Ces paroles m'ont aidée à me garder pure jusqu'au mariage à l'âge de 29 ans.

Le désir du mariage a parfois une force énorme, qui consume de l'intérieur ! C'est par la lecture d'un livre que Dieu m'a secourue. Une phrase, basée sur l'expérience de vie de l'auteur, m'a touchée : « Dépose tes rêves sur l'autel et ils ressusciteront plus beaux ! » Pour moi c'était comme si le Seigneur me disait : « Dépose le mariage sur l'autel et il ressuscitera plus beau !". Autrement dit : « laisse-moi guider ton choix ! Que le mariage ne soit pas le plus important dans ta vie, mais le Seigneur lui-même ! » Et j'ai pensé à Abraham dans la Bible à qui Dieu avait demandé d'offrir en sacrifice Isaac, le fils de la promesse. Abraham obéit et... Dieu l'arrêta et lui rendit son fils : le test avait été concluant ! L'important, c'est que dans toutes choses, Dieu ait la première place. Et le reste, il le donne avec amour et abondance !

C'est dans un camp d'évangélisation et dans le cadre des week-ends « +de 20 ans » que je fais la connaissance de Marc qui deviendra mon mari. J'avais des critères de choix clairs. Marc y correspondait ! Il est informaticien de métier et sonorisateur par plaisir. Non, rassurez-vous, cela ne faisait pas partie de mes critères, mais ce qui était important, entre autres, c'est que ces deux capacités et dons, il les mette aussi au service de l'œuvre de Dieu, comme sa vie entière. Il y a encore eu un dernier test de Dieu, qui m'amène jusqu'à être prête à renoncer à Marc avant que ne vienne la demande en mariage ... Mais, quelle joie, celle-ci a lieu et nous nous fiançons !

## Une belle petite famille !

Dès le mariage j'ai quitté mon emploi et j'ai eu le privilège de rester au foyer pour exercer le beau rôle de maman et belle-maman. Belle-maman ? Comment cela ? Eh bien, Marc avait une fille qui vivait avec lui, et moi, j'ai pu prendre le train en marche, et construire avec elle une belle relation de mère-fille, pleine d'amour. Puis, Dieu nous a accordé la joie de voir la famille s'agrandir de quatre merveilleux enfants.

J'ai toujours eu à cœur de m'investir parmi les enfants de la même manière que je l'avais vécu quand j'étais petite. Une fois mes enfants scolarisés, j'ai eu l'occasion d'accueillir pendant quelques années un club d'enfants dans notre maison pour parler du Seigneur, avec des chants, des bricolages, des jeux... et développer ainsi les relations de voisinage.

## Rétrospective

Quand je considère mon parcours, je ne peux que le caractériser de fidélité de Dieu, de bénédiction et grâce parce que j'ai eu de précieux modèles de par mon père, mon frère, le responsable de l'église. Bien sûr, un jour ou l'autre, chacun de ces modèles humains m'a déçue parce qu'ils sont imparfaits et que seul Jésus est parfait.

À ce jour, mes parents sont décédés, mais ils m'ont laissé un héritage riche de qualité de vie :

Papa m'a marquée par sa foi en Dieu, simple et concrète pour tous les détails de la vie quotidienne, par son engagement fidèle dans le service des autres, sa générosité, le témoignage pour Dieu, et surtout son exemple de vie de prière : intercession, louange, et reconnaissance. Je suis au bénéfice de son obéissance : Bénédiction et grâce.

Ce que je retiens de maman, c'est sa douceur, sa gentillesse, sa patience, son accueil, sa joie de vivre, son sourire, son contentement... Et surtout je suis reconnaissante pour le bonheur qu'elle et papa m'ont donné ! Par l'exemple de leur vie de couple uni jusque dans la vieillesse, leur amour l'un pour l'autre, le foyer paisible et sans disputes. À mon grand regret, nous n'avons pas réussi à offrir à nos enfants un foyer aussi paisible ! Mais c'est un point sur lequel nous travaillons, avec l'aide de Dieu, pour y remédier !

La richesse la plus précieuse au monde que j'ai pu recevoir en héritage de mes parents : c'est de m'avoir fait connaître Jésus et de m'avoir élevé dans la connaissance de Dieu. C'est là le plus extraordinaire héritage ! Connaître Dieu et croire en lui. C'est l'héritage assuré de la vie éternelle, un héritage que personne ne m'enlèvera et que je peux partager. Partager la Parole de Dieu, parler de lui n'est pas facile, c'est toujours un combat intérieur et il faut de l'obéissance et du courage, mais c'est aussi une joie quand on le pratique.

## Aujourd'hui

Aujourd'hui, bien que ne connaissant pas de difficulté majeure, la vie n'est pas un long fleuve tranquille. L'accumulation des « petits soucis de la vie » de tout ordre peut aussi amener au découragement, la déprime, la crise… et j'ai toujours à nouveau besoin de remettre la difficulté à Dieu plutôt que d'essayer de la résoudre par moi-même. Souvent Dieu ne change pas les circonstances, mais c'est mon regard sur la difficulté qu'il change. D'autrefois c'est une réponse toute concrète que je reçois, qui répond à mon besoin et me relève pour continuer à marcher dans les voies de Dieu. Car Jésus reste le même : hier, aujourd'hui, et éternellement et je peux compter sur lui en toutes choses. Apprendre à reconnaître la présence du Seigneur aussi dans les petites choses de la vie, c'est là la bénédiction.

En grandissant, les enfants quittent peu à peu le foyer, et c'est pour moi aussi l'occasion de réfléchir à de nouveaux engagements. Et savez-vous quel est mon plus cher souhait ? Dans tout ce que j'entreprends, j'aimerais vivre de telle manière que mes enfants, mes amis, mes voisins et les gens que je côtoie puissent aussi retenir une chose de ma vie : la présence de mon Seigneur Jésus !

Michèle Beiner

Récit 14

# Ma passion, c'est de vivre pour Christ !

Patrice ne s'intéressait qu'au ballon rond ou à la pêche et ne savait pas qu'une dimension essentielle manquait à sa vie. C'est grâce à un collègue de travail que sa vie a commencé à changer...

## Une enfance et une adolescence insouciantes

Tout jeune, au lieu de faire mes devoirs, je préférais aller à la pêche, jouer au foot… Et surtout me rendre à la ferme pour être auprès du bétail, le nourrir, rouler avec le tracteur de temps en temps… Donc je n'étais pas trop à la maison, sauf s'il fallait faire du bois en forêt.

Adolescent, j'étais assez souvent dehors avec les copains, le week-end. C'était en discothèque qu'on se retrouvait pour faire la fête, boire un verre, et ça, je l'appréciais ! Pendant quelques années, je jouais aussi au foot, et c'était tout pour moi. Le plus important. Il faut dire que je ne m'intéressais pas à autre chose ! Vint ensuite le moment où je rentrai dans la vie active, mon premier emploi, puis le service militaire.

## Mon collègue m'intrigue

Après, je me suis trouvé chez un autre employeur. Et c'est là que j'ai fait connaissance avec un chrétien, Othon, qui a joué un rôle essentiel dans ma vie. Sa façon de vivre, tout à fait heureux, manifestement en paix, son comportement agréable, tout cela ne passait pas inaperçu. Et moi, ça m'interpellait. Il me disait qu'il était membre d'une église évangélique, et que Jésus Christ avait changé sa vie…

Moi, comme beaucoup de jeunes, la religion n'avait pas beaucoup de place dans ma vie ! J'avais fréquenté le catéchisme, fait la communion… et après, il n'y avait plus grand-chose ! Je ne doutais pas de l'existence de Dieu. Mais il était pour moi quelqu'un d'éloigné, quelqu'un qu'on ne pouvait pas approcher. Une relation entre Dieu et moi, il n'y en avait pas. Alors, quand mon collègue me parla de Jésus et de son Église, j'étais méfiant ! L'Église évangélique, je voyais où elle était, mais je ne savais pas plus. Et… Jésus qui peut changer une vie ? Pourquoi, comment ?

## Une nouvelle fenêtre s'est ouverte pour moi

J'étais pourtant ouvert aux discussions, et pour moi, c'était une nouvelle fenêtre qui s'est ouverte, avec plein de questions. Et je voulais savoir toujours plus. Mon ami me disait qu'il s'appuyait sur la Parole de Dieu, la Bible, qui révèle aux hommes le sens profond de la vie, la raison pour laquelle ils sont sur terre, et qui leur apporte la vie éternelle.

Je lis dans l'évangile de Jean chapitre 3 verset 16 : « Car Dieu a tant aimé le monde qu'il a donné son fils unique, afin que tout homme qui croit en lui ne meure pas, mais qu'il ait la vie éternelle. » Et Jésus dit « Je suis le chemin, la vérité et la vie. Nul ne vient au Père que par moi. » Jésus n'est venu pas pour juger, mais pour sauver le monde. L'Évangile de Jean au chapitre 12 v 47 le dit.

Une chose qui m'a tout particulièrement parlé : quand mon collègue de travail me répétait : « si demain, je devais mourir, je sais que je serai avec Dieu dans l'éternité ! » Alors moi, ça m'a fait mal, je n'étais pas bien, je ne pouvais pas dire cela ! Si demain je devais quitter ce monde, fini pour moi ! Pas de vie éternelle. La damnation...

Dans Romains 3 v 10, nous lisons : « il n'y a pas d'homme juste, pas même un seul !» Pour être réconcilié avec Dieu, que faire ? Je commençais à comprendre que la seule manière, c'était de reconnaître mon état de pécheur, demander pardon et me confier en Jésus Christ et en son sacrifice ! Les religions issues de l'homme peuvent nous offrir toutes sortes de voies de perfectionnement. Mais elles ne peuvent nous délivrer de nos péchés : seul le Christ, par sa mort expiatoire, nous donne accès au pardon et au salut.

Alors moi, je me suis mis à lire la Bible tous les soirs. J'avais soif de connaître ce Jésus. Je dois avouer que c'était assez difficile au début pour comprendre les Écritures, mais j'avais quelqu'un à mes côtés avec lequel je pouvais partager. Une autre aide : des conférences sur Dieu ont eu lieu dans la région, et j'y suis allé...

## Je donne ma vie à Christ

Cette même année, j'ai donné ma vie à Jésus, j'ai accepté le salut gratuit qu'il m'offrait. Je ne peux pas dire exactement quel jour. Parce que... je m'explique : bien avant que Jésus ne devienne mon Sauveur et mon Seigneur, une jeune fille a fait ce choix, et j'ai été témoin de l'énorme joie qui l'a envahie. Je la vois encore devant moi, toute rayonnante de bonheur. Alors moi, je pensais que la même chose devait se produire, et j'attendais cette joie immense pour pouvoir dire : « voilà, maintenant Jésus s'est manifesté dans ma vie ! » Ce n'est que par la suite que j'ai compris que Dieu attire des cœurs vers lui de diverses manières.

Pour moi c'était donc différent, un processus plutôt long. Celui ou celle qui s'attache à Jésus n'a plus de *compte négatif* face à Dieu : l'ardoise de la dette est effacée, et on peut vivre en paix, sans avoir peur de Dieu. Ma vie n'a pas été transformée en un clin d'œil, cela a pris du temps d'aller à la rencontre des textes bibliques, et de laisser la Parole travailler en moi et faire des grands changements.

## De nouvelles priorités

Avant, le foot était la chose principale, parce que je ne connaissais que cela ; mais Dieu s'est manifesté dans ma vie et est devenu ma priorité. Maintenant, j'aime encore le foot, bien sûr. Mais mon choix a été de mettre fin à ma carrière de footballeur (amateur) pour être plus disponible pour la vie d'église, la méditation de la Parole de Dieu. Et pour me retrouver avec des frères et sœurs en Christ, vivre la communion fraternelle, partager ma foi.

Le mardi soir il y avait l'entraînement au foot, et en même temps une étude biblique… le dimanche, bien sûr le match de championnat… Alors le matin, ça commençait avec le stress, et le restant de la journée était entièrement consacré au foot. Je préférai aller au culte le dimanche matin pour louer le Seigneur et être avec ma nouvelle famille spirituelle.

Il y a eu un changement de situation, et ce changement de priorité, c'est Dieu qui l'a opéré en moi. Par respect envers lui, et surtout par amour pour lui. Quand Dieu dirige une vie, les envies changent. Ce qui auparavant était le plus important, perd de sa valeur, et est remplacé par d'autres envies.

## Des changements pratiques

Au contact des Saintes Écritures, mes pensées ont commencé à se modifier. Pas mal de choses ont changé dans ma vie : étant devenu chrétien, je devais régler une situation particulière dans laquelle je me trouvais. Une situation qui n'était pas en conformité avec Dieu. Je vivais avec une personne – qui aujourd'hui est devenue mon épouse – et ensemble, nous avons pris la décision que je revienne habiter chez mes parents pour un certain temps – 6 mois plus exactement – jusqu'à notre mariage. Faire cela n'était pas évident, mais notre désir a été celui de vivre dans la volonté de Dieu. Je tiens à préciser qu'aucune pression n'est venue de la part de l'Église du fait que nous vivions en couple sans être mariés. C'est uniquement Dieu qui a mis son doigt sur cette situation, qui nous a mis à cœur cet aspect de notre vie que nous devions régler. Et c'est par amour pour lui, pour lui plaire, que nous avions pris cette initiative. Pour lui obéir.

Nous nous sommes donc mariés, puis je suis aussi passé par les eaux du baptême pour témoigner publiquement de mon appartenance à Christ. Dans la Bible nous pouvons lire « si tu crois de tout ton cœur, tu peux être baptisé » : Actes des apôtres chapitre 8 v 37.

D'autres changements ? Par exemple, il y avait des gros mots à l'égard de Dieu, et aussi des excès dans certains domaines de ma vie, qui tout doucement, ont perdu de leur ampleur pour que Dieu puisse me trouver agréable à ses yeux.

Être chrétien ne veut pas dire que je ne rencontre plus de problèmes, plus de luttes, plus de peines ! Non, ce qui est différent, c'est que j'ai quelqu'un vers qui aller. Je peux m'adresser à Dieu en tout temps, pour toutes choses ! Et ça, c'est formidable. Il est à l'écoute, il me fait du bien, il me comprend. Parfois, Dieu me place dans l'obscurité (une épreuve, par exemple) et cela pour me montrer qu'il est la lumière, et sur qui je dois m'appuyer. J'aimerais aussi parler de la paix que Dieu donne. Une paix que le monde ne peut donner. Jésus nous promet sa paix dans l'évangile de Jean chapitre 14 v 27. La paix que donne le monde est éphémère, précaire et toujours conditionnelle. Tandis que celle que Jésus donne comble le cœur de l'homme et lui permet d'affronter chaque épreuve. C'est vrai, je le confirme !

Le chrétien est aussi celui qui jouit de la vie éternelle, et moi je jouis de cette vie ! C'est une joie profonde, incomparable. C'est une grâce imméritée que Dieu m'accorde. Être chrétien c'est être à l'école de Christ, et le but c'est de lui ressembler de plus en plus, lui qui nous a laissé une vie exemplaire. Prier ou lire la Bible m'apporte énormément. Ce sont des moments bénis, riches, précieux. Son Esprit me remplit de sa joie, sa paix, son amour.

## Ce que j'ai à cœur...

Alors moi, je suis sauvé de la perdition éternelle. Ce que j'ai à cœur, c'est de partager la bonne nouvelle, qui consiste à placer sa foi en Jésus, et en lui seul. Recevoir son pardon, sa paix, et hériter de la vie éternelle.

Il faut savoir que Jésus n'est pas venu pour fonder une religion, mais pour établir une relation basée sur l'amour. C'est tellement important. Dieu nous a donné ce qui lui était le plus cher, son Fils, pour que nous puissions avoir une relation avec lui. Quelle grâce ! Et quelle preuve d'amour pour nous, les humains ! Et c'est uniquement la foi en Jésus qui peut nous donner la vie éternelle. Ce n'est pas en faisant des efforts, des efforts, et encore des efforts que Dieu va nous ouvrir les portes du paradis.

Pratiquer des bonnes œuvres tout au long de notre vie est certes une bonne chose, mais cela ne changera rien à notre perdition ! Le salut ne s'achète pas, ne se mérite pas. Il nous est offert gratuitement par Jésus Christ. J'aimerais vous laisser un dernier mot : le regret que j'ai aujourd'hui c'est de ne pas avoir rencontré le Seigneur plus tôt. Pour moi, vivre, c'est Christ.

Patrice Lux

# Jumeau jusque dans la vie éternelle !

À une année d'intervalle, le parcours spirituel de Christian présente de nombreuses analogies avec celui de son jumeau Patrice.

C'est d'ailleurs le même collègue de travail qui lui a parlé de sa foi...

## Mes jeunes années, entre vaches, ballon rond et disco

J'ai grandi dans un contexte favorable et plutôt équilibré, c'est-à-dire dans une famille sans histoires et sans problèmes particuliers. Je me souviendrai toujours du temps que j'ai passé dans une ferme, le soir en rentrant de l'école. Ma première pensée était d'y aller pour nourrir les vaches, les veaux, et c'était plus important à l'époque, que faire les devoirs. C'était un réel plaisir, une joie de pouvoir le faire. À 16 ans, je commençais à fréquenter la discothèque, comme beaucoup à cet âge, et cela me convenait très bien. De rencontrer des filles, de fêter, en arrosant aussi de temps en temps.

Avec mon frère jumeau, nous avions le même parcours jusqu'en 5e, après, nos chemins se sont séparés, parce que nous voulions nous démarquer l'un de l'autre. Chacun faisait ses choix selon ses désirs et ambitions, et aussi selon ses difficultés et capacités. Curieusement, nos métiers sont semblables : menuisier, ébéniste !

La religion était quelque chose de plutôt secondaire et de facultatif pour moi. J'allais au catéchisme, par obligation, ou pour retrouver les copains. Dieu ? Quelqu'un de lointain et d'inaccessible. Mais je n'ai jamais pensé qu'il n'existait pas. Je vivais ma vie comme je l'entendais, sans me préoccuper des autres et ce que Dieu aurait à me dire.

Le football avait la première place dans ma vie, je vibrais pour lui, et toute ma vie, ou presque, était tournée vers ce sport. J'ai passé de très bons moments avec mes copains, mais je dois dire qu'il me manquait quelque chose pour être bien dans ma peau, et pour vivre heureux.

## Mon frère jumeau change

Vint le moment où mon frère jumeau Patrice annonça qu'il avait confié sa vie au Seigneur. Nous avons gardé de bonnes relations, mais cela s'arrêtait là, car, de par sa démarche de foi, il avait des intérêts différents aux miens. Moi, je vivais toujours dominé par les convoitises du monde et tout ce qui va avec...

## Mon collègue m'intrigue

À l'époque, j'avais le même collègue de travail chrétien que Patrice avait eu : Othon. De temps en temps, j'allais le voir pour parler de Dieu, pour savoir comment lui il voyait la vie. Je dois dire que sa façon de vivre, son comportement m'interpellait beaucoup, même si je n'étais pas d'accord avec lui dans bien des domaines. Il était membre d'une église évangélique, alors forcément on se méfie, ce n'est ni catholique ni protestant classique, alors toutes les autres religions….

Je me rappelle d'un soir où, avec mon frère Patrice, nous étions réunis chez Othon. Ce fut une bonne soirée, avec de bonnes discussions, mais ce n'est pas pour autant que j'étais prêt à me remettre en question. Pourtant, plus le temps passait, plus je me rendais compte que Othon était heureux, et vivait une vie équilibrée. Cela semblait aussi être le cas pour mon frère, qui débutait dans sa nouvelle vie…

Au cours de l'hiver, j'ai participé à une soirée dans une église protestante, au cours de laquelle l'orateur parlait d'un Jésus qui pouvait changer des vies, remplir ce vide qui était en chacun. Nous étions juste une poignée de jeunes à cette soirée, et quand Mr Krebs (l'orateur) est venu vers nous, il nous dit avec joie : « je suis vraiment heureux de vous voir ici ». Et il nous pose cette question : « êtes-vous tous enfants de Dieu ? » Patrice répondit : « ben oui, oui je le suis ». Mais moi, j'étais là, ne sachant pas que répondre. Monsieur Krebs m'interpella personnellement. Je lui avouais que je n'avais aucune idée si j'étais chrétien ou non. Alors, il m'invita à le devenir. Nous avons prié ensemble à ce sujet.

## Moi aussi, je peux dire maintenant que je suis chrétien !

Le lendemain soir, je suis parti pour aller m'amuser en discothèque. Mais, une fois sur place, que se passe-t-il ? Voilà que toute envie de rester en ce lieu m'a quittée et… je suis rentré à la maison. Arrivé chez moi, je monte dans ma chambre, j'ouvre la Bible, la Parole de Dieu. Incroyable, n'est-ce pas ? Tout à coup, j'avais cette soif de lecture, de découverte que je n'avais pas auparavant. J'ai compris que Dieu avait entendu ma prière la veille, lors de cette soirée d'évangélisation. C'était lui qui me donnait cette envie de recherche. J'ai découvert dans ce livre le message central pour nous les hommes. Il se trouve bien résumé dans Jean 3 v 16 nous pouvons lire : « Dieu a tant aimé le monde qu'il a donné son fils unique, afin que quiconque croit en lui ne périsse pas, mais qu'il ait la vie éternelle ! » Et dans

Jean 14 au verset 6, Jésus dit « Je suis le chemin, la vérité et la vie. Nul ne vient au Père que par moi. »

Pour illustrer ces versets, je prends l'image de la bouée jetée à une personne tombée à l'eau. Pour être sauvée, cette personne doit réaliser la gravité de la situation, elle doit reconnaître qu'elle a besoin d'être secourue, et elle doit saisir la bouée de sauvetage. Il en est de même pour le pécheur –que je suis, que nous sommes tous –, je dois d'abord reconnaître ma situation et croire que Christ est le seul, le seul qui puisse mettre de l'ordre dans ma vie. La bouée, c'est Jésus. Envoyé par Dieu le Père, qui a porté ma misère à la croix. J'ai compris ma misère, et j'ai demandé pardon à Dieu de l'avoir négligé pendant ces années, d'avoir voulu vivre sans lui demander conseil.

Je compris que ce qui me séparait de lui était le péché, et j'ai pu demander pardon pour cela. Depuis, je suis en paix avec Dieu, et ce vide qui était en moi a disparu progressivement. Cette relation qui était brisée est aujourd'hui rétablie. Je remercie Dieu parce qu'il s'est approché de moi dans le nom de Jésus, et ce Dieu que je pensais inaccessible et lointain est maintenant proche de moi. Je sais qu'il est à mes côtés, qu'il m'aime et qu'il connait tout, absolument tout de moi. Si je regrette quelque chose aujourd'hui, c'est de ne pas avoir saisi cet amour à mon égard plus tôt dans ma vie. Et beaucoup de personnes ont prié fidèlement pour moi, et je les en remercie encore aujourd'hui.

## De nouvelles priorités

Je vous ai dit que pour moi, tout tournait autour du football, que c'était ma passion. J'aime toujours le foot, et je ne dis pas qu'il est en contradiction avec la foi. J'ai arrêté, car Dieu est devenu ma priorité et je voulais apprendre à le connaître davantage. Je me suis joint à une Église où je peux vivre et partager ma foi.

J'ai intégré un groupe biblique de maison en semaine pour étudier la Parole de Dieu ensemble. Je me suis joint également au groupe de jeunes pour les rencontres du samedi soir et j'ai décidé d'aller au culte régulièrement pour louer le Seigneur avec toutes les autres personnes de cette église. Tous ces moments avec ces nouvelles personnes que je rencontrais et les moments de découverte de Dieu ont largement remplacé ma manière de vivre d'avant avec mes intérêts et mes désirs personnels. C'est Dieu qui tout à coup m'a donné d'autres priorités, car avec ma conversion, je suis rentré dans la famille de Dieu, et c'est avec elle que je veux passer du temps.

## À l'école de Christ

Depuis, bien des choses ont changé dans ma vie. Étant devenu enfant de Dieu, j'ai dû changer certaines choses qui n'étaient pas en règle avec Dieu. Non pas par contrainte, mais par amour pour lui. Juste un témoignage : je vivais en union libre avec celle qui est mon épouse aujourd'hui, Élisabeth. Elle aussi avait maintenant choisi de vivre pour Christ, quelques mois après moi.

Nous avons donc décidé ensemble que j'aille vivre à nouveau chez mes parents, jusqu'à notre mariage. Ce n'était pas facile, mais nous avions à cœur de vivre dans le plan de Dieu et dans sa volonté. Nous nous sommes et notre union a été bénie à l'Église évangélique où nous sommes membres, depuis maintenant quelques années. J'ai demandé le baptême l'année d'après pour témoigner publiquement mon appartenance à Christ. C'était un moment formidable. Mon épouse fit de même peu après.

La vie chrétienne n'est pas exempte d'épreuves et de difficultés. Tout ne marche pas comme sur des roulettes, mais je peux m'appuyer sur Dieu. Avec lui, je suis comme à l'école, et tous les jours j'apprends de nouvelles leçons. De par notre nature, ce que nous savons tous très bien faire, c'est décider tout seul. Et mieux savoir que quiconque d'autre… C'était mon cas aussi ! Mais Dieu veut mon bien, il est le seul qui connaît et sait tout. Ma principale difficulté est de lui faire confiance et de le laisser agir en moi. C'est dans ce domaine que je suis appelé à progresser pour le servir en tant que témoin de son amour. La Bible est remplie de promesses pleines d'espérance et d'avenir. Et c'est dans cette optique que je veux apprendre à vivre, avec l'aide de Dieu, en le partageant à d'autres qui ne connaissent pas encore.

## Le mot de la fin

J'aimerais lire un verset que l'on trouve dans Actes chapitre 4 verset 12 : « Le salut ne se trouve en aucun autre, car il n'y a sous le ciel aucun autre nom donné parmi les hommes par lequel nous puissions être sauvés. » Il est ici bien sûr question de Jésus. Alors, de quoi devrions-nous être sauvés? De la perdition éternelle.

Vous connaissez la chanson « on ira tous au paradis ? »…Ben super, il n'y aura donc personne en enfer ! Être au paradis ? C'est être dans la présence de Dieu pour l'éternité ! Et c'est ce que Dieu souhaite pour chaque être humain. Notre destinée éternelle dépendra de notre manière de vivre ici et maintenant sur cette terre. Enfer ou Paradis ? Nous n'irons pas tous au paradis. Uniquement ceux qui ont accepté Jésus dans leur vie. C'est ce que nous révèle la Parole de Dieu, la Bible.

Christian Lux

# Récit 16

## Mais oui, je suis heureuse !

À 41 ans, Sandrine se dit une femme heureuse. Pourtant, quand elle songe aux angoisses existentielles de ses 20 ans, elle se demande qui aurait cru qu'elle puisse dire cela un jour. Voici son témoignage.

Je suis née dans un petit village vosgien près d'Épinal. J'ai vécu une enfance heureuse avec des parents qui m'aimaient. Rien de bien exceptionnel, à part que nous étions huit enfants. Je garde d'excellents souvenirs d'enfance, de mon école, de mon village et de mes nombreux jeux entre cousins et cousines, qui habitaient presque tous dans un périmètre de 5 kilomètres autour de chez moi.

### Des aspirations spirituelles dès l'enfance...

Mes parents étaient catholiques. J'ai été baptisée, puis j'ai suivi toutes les étapes jusqu'à ma communion : catéchisme, messes, confessionnal, etc. De mon éducation religieuse catholique, je conserve deux souvenirs précis. J'avais une dizaine d'années et je devais aller me confesser, comme il est d'usage de le faire avant de faire sa communion. J'avais noté sur un petit papier mes péchés pour les avouer au curé.

« J'ai volé des bombons, j'ai menti à mes parents... » J'ai pris tout à coup conscience que si je pouvais être pardonnée de ce qui était noté sur mon papier, c'est parce que Jésus avait payé à ma place. Et je me suis mise à pleurer. En fait, c'est à Jésus que je me suis confessée.

Puis vers 12 ans, je me revois debout dans la cuisine, sur une chaise devant le placard des livres de messe, pour voir s'il y avait une Bible. J'ai été surprise de ne pas en trouver. J'en ai demandé la raison à maman, mais elle n'a pas su quoi répondre. Je ne pouvais pas comprendre qu'on n'avait pas le « livre de Dieu » à la maison.

À part ces deux souvenirs bien précis, je ne me rappelle plus avoir manifesté un intérêt particulier pour la religion jusqu'à l'âge de 15 ans…

### … et pendant mon adolescence ?

Ce jour, je faisais la vaisselle dans la cuisine chez ma tante. Tout naturellement, en discutant autour des assiettes et des verres à essuyer, elle m'a dit qu'elle avait fait la connaissance de Jésus. Qu'elle avait trouvé un sens à sa vie ! Elle m'a expliqué que Jésus m'aime aussi et qu'il a donné sa vie pour que je puisse être en relation avec Dieu, pardonnée pour mes péchés, et recevoir la vie éternelle. Ce message a été comme une bombe pour moi. Comment ? Je n'avais jamais entendu cela ou plutôt, je l'avais oublié ! J'ai immédiatement été séduite : « si c'est vrai que Jésus m'aime à ce point... alors je veux lui rendre son amour ! »

Dans la Bible, on peut lire la parabole du semeur. Celui-ci laisse tomber des graines en chemin. Une partie des graines tombe dans un endroit rocailleux, où il n'y a pas beaucoup de terre. Elles lèvent aussitôt parce que le sol est peu profond, mais, quand le soleil paraît, les plants sèchent faute de racines. Jésus explique que c'est l'image de celui qui entend la parole et la reçoit aussitôt avec joie. Comme il n'a pas de racines en lui-même, il manque de persistance, et, dès que survient une difficulté ou moquerie à cause de la parole, il y trouve une occasion de chute.

C'est tout à fait moi. Au début, pour répondre à l'amour de Dieu, j'ai lu la Bible, chanté des chants chrétiens, assisté au culte à l'église évangélique où allait ma tante... Mais les premières moqueries des copains m'ont fait changer d'avis : « Mieux vaut s'amuser, profiter de la vie et s'occuper de ces choses-là plus tard… au moment de mourir par exemple ! »

## Des fêtes, mais un cœur vide et angoissé

Une chose étrange s'est produite : alors que je fermais mon cœur à Dieu, mes yeux se sont ouverts sur le monde. J'ai un peu perdu mon innocence d'enfant. Par les médias, je voyais surtout la violence de notre monde, et un malaise grandissait en moi. Pourquoi tant d'horreurs, d'injustices autour de moi ? Je constatais les guerres, les famines, la violence et tout cela m'écrasait. Après mon bac, je suis partie à Nancy pour faire mes études d'économie à la fac. Ça ne marchait pas trop mal. J'avais toute la liberté de sortir avec mes amis, aller à des concerts, au cinéma et faire la fête. Je ne m'en suis pas privée. Chaque lendemain de fête, en même temps qu'un horrible mal de crâne suscité par les abus d'alcool, la même insatisfaction me saisissait. J'avais un vide immense au fond de moi. « à quoi cela sert-il puisqu'il faudra mourir de toute façon. »

L'absurdité de la vie m'angoissait. Je ressentais une affreuse solitude. Bien sûr, j'avais des amis, mais chacun d'eux était préoccupé par ses propres souffrances. Chacun se débattait avec son propre mal-être. J'essayais de trouver un but à ma vie.

## Le dilemme de mon cœur

Je voulais être « quelqu'un de bien ». Je me voyais missionnaire dans un orphelinat en Afrique. Mais comment être missionnaire, moi qui avais fermé mon cœur à Dieu ? Qu'avais-je à apporter ? Comment prétendre soulager la souffrance du monde alors que je n'étais même pas capable de faire le bien autour de moi ? Je ne savais que souffrir et faire souffrir ceux qui m'entouraient ! J'avais des idées noires. Des idées de suicide même. Pourquoi ? J'ai eu une enfance merveilleuse dans mon petit village, des parents exemplaires, des sœurs avec lesquelles je m'entendais bien. Je n'ai pas subi de traumatismes particuliers. Comment se faisait-il que j'étais si mal dans ma peau ? J'ai pris conscience de ma quête spirituelle. Il me fallait trouver un sens à ma vie. J'avais écarté la piste de Jésus-Christ et c'est précisément cela qui me faisait souffrir. Dieu me cherchait et moi je me sauvais !

## Constat d'échec

Je me suis cachée pendant une dizaine d'années. Je croyais en Dieu, mais je ne voulais pas de lui. Je souhaitais lui prouver que je pouvais être heureuse sans lui. Qu'il n'était qu'une voie parmi d'autres pour une vie épanouie. Puis à 25 ans, j'ai dû faire un constat sévère : échec sur toute la ligne. J'étais toujours aussi seule. Toujours aussi mal dans ma peau. Sans véritable but. Quoi faire de ma vie ? J'avais une maîtrise d'économie en poche, mais je ne voyais pas à quoi cela pouvait servir.

## Je confie ma vie à mon Seigneur…

Finalement, j'ai crié à Dieu. « Seigneur, je n'arrive pas à être heureuse sans toi, je le reconnais. J'ai besoin de toi. Je te confesse mes péchés. Je te remercie, Seigneur Jésus, d'avoir accepté de payer pour eux à ma place et de me pardonner. Je te confie ma vie, car je n'arrive pas à vivre sans toi. Prends-moi en charge et conduis ma vie pour que le désastre cesse et que je puisse au moins faire quelque chose de bien ».

Ça s'est passé sur plusieurs semaines durant lesquelles j'ai lu la Bible, discuté avec le pasteur de l'Église évangélique. J'ai compris petit à petit que Jésus est le sens de la vie. Il est devenu le mien. Il m'aime et pour lui j'ai une grande valeur. Une paix et une sérénité profondes m'ont remplie dès lors.

## … et ma joie est de le servir !

J'ai trouvé du travail comme animatrice dans une maison de retraite. Là j'ai pu me dévouer au service des personnes âgées et leur témoigner de l'amour. Je pouvais enfin faire quelque chose de bien. Je me sentais utile. Au bout de quatre ans, j'ai eu l'opportunité de rejoindre une association qui a pour but d'annoncer la Bonne Nouvelle du salut en Jésus-Christ.[12] J'y travaille encore actuellement comme assistante du directeur. J'espère que beaucoup entendront et comprendront ce que j'ai découvert : Jésus donne un sens véritable à la vie.

Cela fait un peu plus de seize ans maintenant que j'ai confié les rênes de ma vie à Jésus-Christ. J'essaie de garder chaque jour un moment de tête-à-tête avec Dieu pour apprendre à le connaître de mieux en mieux. Je lis la Bible, je prie pour ma famille, mes collègues. Je suis en paix avec Dieu, avec moi-même et avec les autres. J'essaie de mettre chaque jour en pratique le commandement de Dieu d'aimer son prochain.

Sandrine Laporte

[12] France Pour Christ

# De l'islam au Christ !

D'origine marocaine, Saïd nous raconte son enfance dans les banlieues françaises, et aussi son parcours spirituel qui a fait de lui un chrétien. Mais un chrétien qui n'a pas pour autant renié la culture arabe dont il est issu...

Saïd raconte aussi son histoire dans un spectacle intitulé « liberté, égalité, couscous ».

## J'aimais pratiquer l'islam

Tout petit, j'ai appris les préceptes de l'islam. C'est une très belle religion qui comprend beaucoup de codes d'éthique et de morale. J'aimais ma religion. Je priais cinq fois par jour, et j'aimais ce tapis de prière, cette peau de mouton qui me connectait directement avec mon bled ! Oui, j'aimais cette peau de mouton. J'aimais prier en direction de la Mecque. Et j'aimais, parce qu'en même temps cela me protégeait de cet occident « débauché » que je percevais... oui, j'avais une très mauvaise opinion des « chrétiens », car pour moi les chrétiens étaient des débauchés, des buveurs, qui faisaient n'importe quoi... Alors que moi, je m'efforçais à pratiquer ma religion de tout mon cœur. Je faisais mes ablutions, j'observais le ramadan... Mais de cette pratique religieuse sont venues petit à petit des questions essentielles. Deux en particulier :

## Où irai-je passer l'éternité ?

La première chose que je voulais savoir, c'est ce qu'il allait m'arriver le jour de ma mort. Car il n'y a pas de religion au monde qui décrit l'enfer tel que le décrit l'islam. Et ça, ça a déclenché en moi, pas une frousse, mais cette recherche ardente de Dieu : comment moi, je vais passer dans l'éternité ? Et je défie n'importe quel musulman de me dire qu'il a l'assurance de son salut, car aucun ne peut l'avoir !

Quand j'ai posé la question à mes parents, ils m'ont répondu : « Dieu seul le sait ! ». Mes frères qui étudiaient le Coran m'expliquaient que mes bonnes et mes mauvaises actions seraient pesées sur une balance. Cette réponse ne me satisfaisait pas : j'allais observer les 5 piliers de l'islam, arriver à la mort, et Dieu va peser mes bonnes et mauvaises actions ? Très honnêtement, depuis que je me lève le matin jusqu'au soir, je fais plus de bêtises que de bonnes actions ! Je n'avais donc aucune certitude face à mon salut ! J'observais les lois, mais j'étais torturé à l'idée que peut-être Dieu ne me pardonnerait pas. Je m'observais sans cesse et me suis dit que Dieu ne pouvait pas me mettre dans un tel état intérieur.

## Au secours, la *hotline* ! Ma *livebox* spirituelle est en panne !

Deuxième chose : j'avais beau réciter un nombre de prières musulmanes par cœur, je les récitais, je n'en loupais pas une... mais il n'y en avait aucune qui dépassait le plafond ! C'était un rituel. J'étais dans la récitation pour plaire à Dieu, pour accomplir des devoirs ! Mais je n'avais pas d'intimité avec Dieu ! Ma vie spirituelle était sèche. J'avais récité mes 5 prières, mais cela ne suffisait pas : je voulais entrer en relation avec Dieu, dialoguer avec lui ! Et là, c'était sec, c'était vide ! J'étais dans un désert spirituel !

## Exclusion et racisme

Ma religion est aussi devenue une défense contre ce monde occidental agressif et envahissant. Pour moi être blanc équivalait à être chrétien. J'étais frisé, arabe et rejeté par ces Français qui voulaient que l'on travaille chez eux. Tout petit, j'ai vu cette violence, j'ai vécu l'exclusion et le racisme. J'ai commencé à sortir de plus en plus mes griffes et j'ai détesté la France en devenant de plus en plus violent, mais je continuais à avoir soif...

Un jour, je me suis bagarré avec un voisin tunisien. La bagarre a dégénéré en émeute : sa famille contre la mienne. Maman est tombée par terre et on a dû l'emmener à l'hôpital : elle avait un traumatisme crânien. Je n'ai jamais eu peur dans ma vie, mais quand j'ai vu ça, je suis rentré dans ma chambre, j'ai fermé la porte et j'avais honte. Je ne comprenais pas comment je pouvais être religieux et violent à la fois. J'avais honte de voir que ma violence avait causé tant de dégâts.

Ma mère étant à l'hôpital, nous étions complètement perdus. Mais des voisins qui habitent au-dessus de chez nous[13] nous ont proposé leur aide – et très honnêtement, c'était choquant : on est quand même des Arabes ! Ces Français ont pris soin de mes petits frères et sœurs. Ils nous ont aimés, ils nous ont considérés ! Ils étaient vraiment différents de tous les autres qu'on connaissait ! Et on s'est liés d'amitié avec eux ! Le couscous montait chez eux et le gâteau au chocolat descendait chez nous ! Cette relation avec eux était tellement forte, tellement concrète, qu'un jour, ils ont offert une Bible à ma sœur ! (Ils étaient chrétiens)

## La trahison

... et ma grande sœur Fatima s'est convertie...toute seule ! On ne l'a pas violée psychologiquement, elle ne s'est pas convertie pour se

[13] C'est pour cela que je dis que le salut vient d'en haut !

marier avec un blond aux yeux bleus, mais tout simplement en lisant la Bible ! Elle a eu le courage de nous dire : « voilà, je suis devenue chrétienne, Jésus a changé ma vie. »

Aïe ! Notre première réaction a été de lui dire « Chhhhhhtt !!! » Quand ma grande sœur a *osé* nous dire ça, c'était un séisme ! C'est la pire des choses qui arrivent dans une famille musulmane. C'est la honte !
Nous le vivions comme la pire des trahisons. Quitter l'islam, c'est quitter son pays, quitter sa famille ! Quitter sa nation ! et renier 1431 ans d'histoire. C'était vraiment un choc pour nous. Un choc ! Nous avons donc essayé de la convaincre, en lui montrant des passages de la Bible qui nous semblaient faux. Mais, plus on lui montrait des « hérésies » de la Bible, plus on était subjugués finalement par son message. Par l'amour de ma sœur ! Ma sœur, je la connaissais, c'était une tigresse ! Mes frères l'ont violentée, battue, ils ont déchiré sa Bible et elle restait paisible. Malgré les coups, jamais elle n'a renié Jésus. On l'a séquestrée pendant trois semaines, et elle me racontait les histoires de la Bible ! Chargé d'espionner ma sœur, je sentais l'amour de Dieu en elle !

## Mais qui est ce Christ qui a changé ma sœur ?

Je peux vous dire que son amour et sa foi m'ont déstabilisé dans ma propre foi. Pour moi, j'avais la plus grande des religions. Et j'étais impressionné aussi de la voir accrochée à sa « nouvelle religion » et me demandais comment elle pouvait tenir en s'attachant à «ça». Mais je compris qu'il n'était pas question d'une *religion*, que ma sœur avait une *relation* authentique avec le Christ ! J'ai dit alors : « mais qui est-elle ? » et « mais qui est-il, le Christ, qu'on méprise, qu'on ne connaît pas finalement ? On le qualifie simplement de prophète… Est-il le Sauveur du monde ? Est-il réellement le Messie ? Est-il celui qui véritablement nous libère de nos péchés, comme elle le prétend ? »

Franchement, j'étais perturbé. Alors elle m'expliquait le salut en Jésus-Christ, me disant que tout était gratuit. J'ai réalisé que le salut venait d'en haut. Je voulais faire mes propres recherches. Il existait des avantages et des inconvénients de chaque côté... C'était une vraie ratatouille dans ma tête. J'ai dit à Dieu : « Si tu existes, si c'est toi qui as tout créé, montre-moi qui tu es vraiment ! » C'est sorti de mon cœur et en moi, je sentais : Saïd, un jour, tu vas connaître la vérité.

## Jésus devient mon Sauveur !

Et c'est en espionnant ma sœur, dans l'espoir de l'arracher aux « griffes des chrétiens », que je me suis mis à lire la Bible. Le péché, je savais ce que c'était mal, mais je n'avais aucune solution pour m'en défaire. Mon endurcissement, ma révolte et ma haine m'avaient poussé à trafiquer dans le quartier. Ma vie se résumait à la musique, les boîtes, le haschisch ; j'avais été renvoyé du lycée et me noyais dans la house music. Pour un musulman, il n'y a rien de plus difficile que d'accepter d'être pécheur. C'est l'Esprit Saint qui m'en a convaincu.

Un soir, en lisant la Bible, j'étais comme foudroyé et pénétré à l'intérieur de moi-même. J'ai réalisé que mon péché, ce n'était pas seulement mentir ou tricher, mais me détourner de Dieu. Je priais des lèvres, mais mon cœur était loin de Dieu. J'ai pleuré pendant deux heures. En quelques secondes, j'ai réalisé que j'étais pécheur. Cela a été le plus beau moment de ma vie. Dieu m'aimait d'un amour inconditionnel. Et il me donne le pouvoir/la capacité de devenir son enfant. C'est écrit dans la Bible !

## Jésus : voilà la réponse à mes deux questions !

Oui, voilà que j'avais la réponse aux deux questions pour lesquelles j'avais cherché ardemment la vérité : la question de l'éternité et celle d'une relation avec Dieu. Savoir où je vais après la mort, ce n'est pas rien, quand même ! Eh bien, je me suis adressé à quelqu'un qui est vivant, qui est ressuscité, c'est Jésus. Et c'est à lui que j'ai demandé mon chemin. Jésus a dit : « je suis *le* chemin ». Il n'a pas dit « peut être… je suis un des chemins… » Mais « je suis *le* chemin… » et aussi « je suis *la* vérité ». Non « une des vérités » !

Comme Bouddha, qui a dit « je meurs sans connaître la vérité ». Le Coran reconnait que Jésus n'a jamais menti, jamais triché... jamais péché ! Il était pur, Jésus. Et Jésus dit aussi : « ...et je suis la vie. »[14] Et je la cherchai, cette vie... Là, j'ai accepté Jésus comme mon Sauveur : maintenant, tu vas être le Seigneur de ma vie, à toi de diriger les choses.

## Jésus, le Seigneur de ma vie !

Suivre le Christ impliquait la réparation du mal commis. Au lycée, j'avais volé de l'argent à ma prof, alors je suis allé la trouver pour le lui dire et lui rendre l'argent. Cela me soulageait. Pour réparer, j'ai même pris deux mois de prison avec sursis. Je voulais livrer *toute* ma vie, *tout* mon cœur au Seigneur. J'avais vingt-et-un ans.

Même converti, je continuais à mépriser mon père. Je lui en voulais. Il ne pensait qu'au travail, au retour au pays – qui me semblait de plus en plus illusoire – il n'avait jamais porté un regard sur nous et ne m'avait jamais serré dans ses bras. J'avais vu tellement de choses mauvaises à la maison, tellement de violence et je lui en voulais. Mais un jour, je lui ai dit : « Papa, de la même manière dont Jésus m'a aimé, je veux t'aimer. Jésus m'a pardonné. Tu peux accepter Jésus dans ta vie. » Et... mon père a accepté Jésus dans sa vie. On s'est pris par la main et on a prié en arabe. Jamais auparavant, je ne lui avais dit : « Papa, je t'aime ! » Par la puissance de l'Évangile, nous nous parlions, par la puissance de la Croix nous avions reçu la force de la réconciliation !

## Réactions autour de moi...

Mes copains disaient : Saïd, il est devenu ouf, il va être curé ! À la maison, ma conversion n'a pas été bien acceptée : moi aussi, je trahissais... Maman a vite vu que cela n'était pas un feu de paille, car je ne vivais plus de la même façon. Elle disait à mes copains qui me pointaient du doigt : je préfère le voir ainsi. Mon frère, lui, ne voulait

---

[14] Jean 14 :6

plus me voir et ne me permettait plus de toucher à ses enfants. Il a fait appel à la sorcellerie au Maroc pour que j'abandonne ma foi...

## Ma nouvelle identité

Aujourd'hui ce qui me fait vivre, c'est le Christ. Je peux me passer de manger, mais pas de prier. Entrer dans son intimité, faire silence, laisser la voix de Dieu me parler, c'est mon poumon. La plus grande des choses, c'est de lui appartenir. Et malgré les risques pour un musulman de devenir chrétien (menaces, excommunions, etc.), je n'aurai jamais envie de renier Jésus. Quand on a goûté à Jésus, ça nous contamine ! Malgré les persécutions, malgré que nos familles nous rejettent, que certains ne peuvent plus rentrer dans leur pays, on ne peut pas renier Jésus. Pour lui, j'irais jusqu'au bout. J'irais jusqu'à mourir pour lui ! Et ça j'ai envie de le transmettre ! C'est que le Christ que nous avons connu, que nous connaissons aujourd'hui, est la seule solution dans ce monde qui est en train de périr. Seul Jésus est capable véritablement de transformer des cœurs et des vies. Je vous assure ! C'est puissant ! Jésus est réel !

Alors, à présent, je lui appartiens. Et je lui appartiens en tant que Nord-Africain. Je continue à manger le couscous avec trois doigts, mon mariage s'est fait à l'Église, mais c'était aussi un mariage traditionnel avec un repas oriental. Je n'ai ni renié ma culture ni renié ma tradition : je suis non seulement Français, mais aussi Marocain ! J'ai donc une double identité. J'en ai encore une troisième, qui est plus importante encore pour moi, c'est que je suis enfant de Dieu ! Et je serais égoïste de garder cela pour moi !

Saïd Oujibou

Vous trouverez l'histoire de Saïd plus détaillée dans son livre *Fier d'être arabe et chrétien*, en collaboration avec le journaliste Paul Ohlott, aux Éditions *Première Partie*. Dans cet ouvrage, Saïd nous livre aussi ses réflexions sur la conversion des musulmans à Christ.

# Sauvée pour servir

Tour à tour mère au foyer, travailleuse familiale, auxiliaire de vie scolaire, et bientôt assistante sociale, la mobilité, Manuela connaît ! Elle seconde aussi son mari dans un projet missionnaire visant à faire connaître l'Évangile, au sein de *France Pour Christ*...

## Touchée par la grâce dès l'enfance

Je suis née dans une famille de cinq enfants. Dès le plus jeune âge, ma mère m'a enseigné l'existence de Dieu, la prière et la confiance en Dieu. À l'âge de 9 ans, j'ai lu le petit livre de catéchisme de mon père. J'ai fondu en larmes parce que j'ai réalisé à ce moment-là que Jésus-Christ est mort, crucifié à cause de moi.

En grandissant, je pensais à Dieu dans les moments difficiles ou d'angoisses. Je me souviens avoir été révoltée contre lui lorsqu'il y avait des situations familiales pénibles. Malgré cela, je participais volontiers aux pratiques religieuses de la famille. En parallèle, je me rendais à des soirées de musique « hard rock » ainsi qu'à des rencontres entre copains où je ne pensais pas du tout à Dieu.

## Maman à 16 ans

À l'âge de 15 ans, j'ai fréquenté un garçon de 19 ans qui est aujourd'hui mon mari. Notre premier enfant est né lorsque j'avais 16 ans et le deuxième à 17 ans. Nous nous sommes alors mariés et nous avons emménagé dans une petite maison adaptée à nos besoins. Malgré les débuts difficiles, nous avions une certaine stabilité : mon mari a rapidement trouvé du travail, les enfants étaient en bonne santé et j'avais le privilège de rester à la maison pour m'occuper de nos enfants.

## Une rencontre décisive

C'est dans cette période que nous avons rencontré un professeur de collège de mon mari. Il nous invita et nous parla de sa foi en Dieu et en Jésus-Christ. Il essayait de nous montrer que les réponses à nos questions se trouvent dans la Parole de Dieu (la Bible). Je n'étais pas prête à reconnaître qu'il avait compris des vérités que moi même je n'avais pas découvertes, j'ai alors refusé d'y retourner.

## Une faille dans notre bonheur

Les jours et les mois passant, j'ai très rapidement réalisé que la vie de couple n'était pas telle que j'avais imaginée et rêvée. Et je supportais très difficilement ce que je considérais comme l'ingérence de mon mari dans l'éducation de nos enfants. Nous nous disputions très souvent et mettions jusqu'à quinze jours pour chercher une réconciliation.

Notre vie conjugale devenant de plus en plus difficile, j'essayais de trouver une porte de sortie en me posant différentes questions, entre autres : comment continuer, comment changer la situation ?

## Vers qui nous tourner pour trouver du secours ?

Cherchant une solution, nous avons ouvert notre porte et suivi des études avec les témoins de Jéhovah. Mais ils ne nous ont pas convaincus de leur doctrine sur Jésus-Christ. Pourtant, j'étais remise en question quant à ma foi et mes convictions, et notre vie de couple était devenue tellement difficile et invivable qu'un soir j'ai dit à mon mari que nous devrions prier Dieu. Je voulais lui demander qu'il dirige et conduise notre vie, quitte à devenir témoin de Jéhovah. Ce soir-là, nous avons prié, parlé à Dieu à voix haute avec des mots simples.

Le lendemain, j'ai suggéré à mon mari de téléphoner au professeur que nous avions rencontré quelques mois avant. Celui-ci nous proposa d'assister au culte, ce que nous avons fait. C'est lors de ce culte, que j'ai réalisé que Jésus est mort à cause de mes péchés. Mon passé a défilé dans ma tête et la grandeur de l'amour de Dieu pour moi est devenue claire. Jésus-Christ, le Juste, sans péché est mort afin que je puisse avoir l'accès au Dieu unique et saint.

## Un nouveau départ

Dès ce jour, je voulais mettre Dieu à la première place dans ma vie. S'il me demandait d'aller en Afrique comme missionnaire, j'étais prête à lui obéir. J'ai commencé à lire la Bible chaque jour et j'y trouvais les réponses aux questions que je me posais.

J'ai vécu les réponses de Dieu, à mes prières dans mon quotidien. Je priais que Dieu change mon cœur, transforme celui de mon mari et nous aide à élever nos enfants telle que sa Parole nous l'enseigne. Alain, mon mari a fait la même démarche que moi

Dieu a permis que nous rencontrions des personnes qui vivent la même foi en Jésus-Christ que nous. Pendant une dizaine d'années, nous avons cheminé avec elles au sein de l'Église locale, dans le partage mutuel de la connaissance de Dieu et des expériences faites avec le Christ.

## Un autre départ pour servir notre Dieu

En septembre 2000, nous avons quitté la région d'Alsace pour aller comme missionnaires dans l'Aisne en Picardie afin de transmettre à notre tour notre expérience et d'y semer l'amour de Dieu en diffusant la Bible. Depuis juillet 2007, nous sommes dans les Ardennes en continuant à propager l'Évangile et en témoignant de l'œuvre que Dieu a accomplie dans notre vie.

Jésus-Christ est le chemin, la vérité et la vie, nul ne vient au Père que par lui.

Manuela Stirnemann

# Récit 19

## Itinéraire d'un garçon passionné

Technicien en automatisme, notre Étienne met tout son cœur à ce qu'il entreprend. Avec son épouse Anne, il a quitté son Alsace natale pour aller habiter chez les Ch'tis. Il raconte son parcours spirituel...

### Des grenouilles à François Mitterrand

J'ai grandi dans une famille de 6 enfants, dans une chouette région. Famille idéale ? Enfance idéale ? Dans ma mémoire peut-être, en réalité, non, bien sûr ! Mais nous étions heureux. Nous avions autour de nous des grands prés, de belles forêts, de l'espace ! Gamins, mes frères et sœurs, mes copains et moi, nous en avons profité à fond !

Oui, j'étais un garçon passionné, et je passais de passion en passion, dont certaines plutôt atypiques. Le foot, le tennis, quoi de plus normal ? Mais je me passionnais pour les grenouilles au point où mes parents commençaient à s'inquiéter de ma métamorphose en ce sympathique batracien. J'ai eu ma période « François Mitterrand ». Peu d'enfants de mon âge ont probablement écrit leur admiration au Président de la République et… reçu une réponse. Moi, oui. Puis je me suis enflammé pour Charles de Gaulle. J'étais imbattable sur tout ce qui concerne le Général. Il est bizarre, ce gars-là ! Je parle de moi bien sûr !

## Je joue au petit caïd

Ce serait bien de pouvoir arrêter ici le récit de mes jeunes années. Mais… il n'y avait pas que d'innocentes passions dans ma vie. Depuis tout petit, je cachais un petit tyran dans mon cœur. Par exemple, je tentais de dominer mon grand frère et de lui imposer mes désirs et mes exigences, ce qui le rendait fou !

Préado, j'ai voulu me démarquer des valeurs de ma famille. J'ai eu le privilège d'avoir des parents qui aiment Dieu et qui nous l'ont montré. Mais moi, je me suis laissé influencer par cette idée répandue dans les collèges de ne surtout pas passer pour un paumé. Et comment on fait pour cela ? Ça, je l'ai vite appris : d'abord, on s'oppose à tous ceux qui représentent l'autorité. Ensuite on vit en rebelle et on essaie de se valoriser aux yeux des autres par des actes de violence et de vandalisme.

En permanence en opposition, j'en ai fait voir à mes parents avec mes 400 coups qui leur valaient souvent des signalements de mauvaise conduite, voire des convocations dans le bureau du proviseur.

## Je m'enfonce, mais Dieu veille

J'excluais que Dieu ait un rôle dans ma vie. Pourtant il m'est arrivé plusieurs fois de repenser à lui, à son amour, à ses attentes, mais je faisais tout pour évacuer ces pensées. Je trouvais que Dieu était complètement incompatible avec la vie que je menais avec mes copains. Alors que j'allais passer à l'étape de fumer des joints, un de mes exploits m'a amené à réfléchir plus loin que le bout de mon nez. Voilà donc dans quelles circonstances j'ai enfin voulu ouvrir mes oreilles et mes yeux sur la réalité.

J'avais pris un abonnement dans le bureau du directeur, ce qui me rendait fier devant les copains, et beaucoup moins devant mes parents. Cette fois-ci devait être une de plus, du genre : « Je le regrette, je ne recommencerai plus », et comme à mon habitude, je me défendais avec une histoire invraisemblable. Il s'agissait d'une casse de matériel que j'ai faite volontairement et pour laquelle j'avais été dénoncé par d'autres collégiens. La direction qui me connaissait bien a choisi de ne pas croire mes explications, et j'ai été sanctionné. Une fois de plus. À mes parents, je sers la même salade de mensonges que d'habitude. Je ne sais pas pourquoi, mais cette fois-ci, je me suis dit : si la vérité est démontrée, je fugue. Celui qui voulait se montrer comme un dur avait peur.

## Dieu travaille dans mon cœur

Mais une autre pensée m'est venue le soir même où mes parents ont été informés : pourquoi ne pas prendre aujourd'hui au sérieux celui qui ne cesse de me parler et de m'aimer ? Pourquoi ne pas arrêter de mener une vie qui ne va m'amener à rien, sauf à pire ? Pourquoi ne pas laisser Dieu devenir le Père qu'il veut être pour moi ?

J'avais 14 ans et j'étais déjà dégouté de moi. J'étais fortement interpellé, et j'hésitais : je savais que je ne pouvais pas remettre une fois de plus à plus tard l'appel de Dieu. Je me suis endormi sans avoir tranché. Le matin au réveil, j'ai repris la réflexion là où je l'avais laissée, et finalement, j'ai dit « D'accord ! D'accord Seigneur, prends ma vie, et sois mon maître ! » C'est un peu comme si je lui sautais au cou ! Je lui ai dit que je ne voulais plus de cette vie-là, et que c'est à lui maintenant que je la donnais.

## Une vie nouvelle

Alors que je venais de confier ma vie au Créateur, j'ai éprouvé un vrai soulagement : soulagement parce que je savais que j'ai été pardonné. Soulagement aussi parce que j'ai compris qu'enfin j'allais commencer à vivre pour celui pour qui j'ai été créé.

Mes parents qui ne s'y attendaient pas du tout étaient très heureux. Par contre beaucoup de mes copains n'ont pas compris mon choix et mon refus de faire ce que je faisais avant avec eux. Cette décision, et cette nouvelle relation avec Dieu a eu un réel impact sur ma vie. Ceux qui me connaissaient étaient surpris de mon changement. Mes profs exprimaient leur heureuse surprise à mes parents : ce n'est plus le même garçon !

Dans les semaines qui ont suivi, j'ai eu le désir d'avouer et de réparer mes bêtises. Par exemple, je suis allé dans un magasin pour payer ce que j'avais volé. De même au collège. J'ai aussi demandé pardon à d'autres jeunes que j'avais humiliés publiquement pour me vanter. Mon besoin n'était plus d'exister à travers le regard des autres. Je savais que j'avais de la valeur aux yeux de Dieu.

## Je comprends que Jésus est passionnant

C'est alors que j'ai réalisé combien peu je connaissais Dieu, combien peu j'avais compris de lui. Je ne connaissais pas Jésus. Je n'avais pas saisi ce que voulait dire que Jésus était le Sauveur, je n'avais rien compris au sens de la mort de Jésus. Je pensais encore qu'il était mort essentiellement pour montrer un exemple. C'est dans les semaines qui ont suivi mon choix que j'ai compris que Dieu avait envoyé celui qui est le plus cher à ses yeux pour être condamné à ma place. Je n'avais jamais réalisé que ma vie sans Dieu était si grave aux yeux de Dieu pour que son propre Fils ait dû accepter la mort sur la croix à ma place.

Plus tard encore, j'ai découvert que si la mort de Jésus était capitale pour moi, sa vie d'aujourd'hui l'est aussi, ce qui est tellement logique. Un Sauveur mort ne peut rien faire. Et sa vie, il désire la partager avec moi, avec vous.

Cela fait 15 ans que je m'attache à lui et que j'apprends à le connaître, que ce soit par la lecture de la Bible ou par l'échange avec d'autres chrétiens. Et savez-vous par quoi encore ? J'apprends beaucoup par mes échecs et dans les différentes circonstances de la vie. Je ne regrette pas mon choix, Jésus est vraiment passionnant.

Nous voulons, Anne et moi, partager ce qu'est Jésus dans notre petite famille et autour de nous.

Étienne Schneider

Récit 20

## Itinéraire d'une enfant sage

Infirmière en pédopsychiatrie, mariée avec Jean-Sébastien, notre Marylène a un parcours tout différent de celui de son frère Étienne....

À priori, mon histoire n'a rien à voir avec celle du fils prodigue. Rebelle ? Non, je ne l'ai pas été et j'aurais du mal à raconter mes 400 coups[15] comme mon frère Étienne. Depuis toute petite, je me laissais guider vers Dieu sans jamais m'opposer à l'Évangile que j'entendais dans ma famille et à l'école du dimanche, puis au culte et au groupe de jeunes.

Pour moi, l'existence de Dieu, la mort de Jésus pour nous, sa résurrection étaient des faits établis dont je n'ai jamais douté. Et dans ma vie, je tentais de tout mon cœur d'observer ses commandements.

### Alors, où était le problème ?

Eh bien, avais-je une relation avec Dieu ? C'était bien là le problème. J'en étais tout à fait incapable, et je ne savais pas pourquoi.

---

[15] je ne peux que remercier Dieu de m'avoir permis de le connaître très jeune et de m'avoir ainsi évité bien des choses !

C'est à l'âge de 17 ans que je réalise que je mène une double vie :

- D'une part, j'étais prête à accepter Jésus comme Sauveur de ma vie, Jésus seul, je le savais, pouvait me sauver.

- D'autre part, je ne voulais pas qu'il soit mon Seigneur ! « Demander au Seigneur de diriger ma vie ? Oh non ! Je préfère la diriger toute seule ! » Voilà ce que je pensais. Ainsi, je commençais à réaliser que malgré ma religiosité, j'avais en fait rejeté Jésus tout autant qu'un rebelle aux 400 coups !

## Un tournant...

Un accident de voiture m'aide à réaliser la fragilité de ma vie. Une sortie de route, un zigzag entre les arbres, la descente vertigineuse dans un ravin. Je crie « Seigneur ! » Une angoisse terrible : on va mourir ! Encore sous le choc, je réalise : mon frère qui conduisait et moi, nous sommes indemnes ! Mais une pensée me tenaille : « Où aurais-je été si l'accident avait été fatal ? »

Cette peur de la mort éternelle me pousse à envisager sérieusement un changement. Que de réflexions et remises en question ! Que de discussions animées, en particulier avec ma cousine Estelle ! Un jour, j'ai même décidé de ... rajouter quelque chose pour m'approcher de Dieu....

## Quelque chose à rajouter?

« Je vais lire ma Bible tous les jours à présent », voilà quelle était ma résolution. Louable, n'est-ce pas ? À mes bons principes pour vivre comme une bonne chrétienne, il ne me manquait plus que la lecture régulière de la Bible, pensai-je !

Mais… étais-je plus acceptable aux yeux de Dieu pour autant ? Au fond de moi, je savais bien que non : on ne peut rien rajouter à la valeur de la mort de Jésus à notre place. Mais ce n'était qu'une conviction intellectuelle, car je refusais toujours de lui donner ma vie. Je voulais prendre de la part de Dieu tout ce qui m'arrangeait. Vivre la vie comme cela me plaît, ne froissant personne, ne prenant position pour rien, me contentant d'un ticket pour le ciel. Heureusement, Dieu ne m'a pas laissée ainsi.

## Je choisis la vie

Un jour, en attendant l'arrivée de mon train, mon père me demande si je pense être sauvée. Pour lui montrer que je suis ... sur la bonne voie, je lui réponds : « Presque ! » À ce moment, le train entre en gare. Comme je ne bouge pas, perdue dans mes pensées, mon père me dit :

— Si tu ne te décides pas à monter dans ce train, tu vas *presque* l'avoir. Et si tu l'as presque, tu le loupes entièrement !

Louper le train...alors que j'allais l'avoir, c'aurait été trop bête, non ? Et dans ce train attrapé de justesse, je réalise l'absurdité de ma phrase. Si je suis presque sauvée, c'est que je suis entièrement perdue ! Cette image me bouleverse complètement... j'ai beau être presque dans le vrai, je suis quand même entièrement dans le faux !

C'est dans la même semaine que je décide de ne pas faire attendre le Seigneur plus longtemps. Je demande alors à Christ d'entrer dans ma vie, et je le remercie pour le pardon pour mes péchés... Eh oui, même avec mon apparence sage, j'avais besoin de me repentir !

Je réalise que lui seul est la réponse à mon vide intérieur. Je comprends aussi que c'est par son sacrifice seul que je peux me tenir devant lui. Et non par mes efforts. Dieu ne veut pas de quelqu'un de religieux ou de discipliné, il désire qu'on s'approche de lui avec un cœur vrai.

Maintenant, avec du recul, je suis tellement reconnaissante d'avoir pris cette décision, car il ne m'a jamais déçue. Je désire vivre pour lui, que ce soit au travail, dans la famille, ou encore au sein de l'Église locale. Comme c'est aussi le souhait de mon mari, nous avons la joie de servir notre Seigneur ensemble.

Marylène Simonis

# Petite évaluation

On raconte… comment vous vous êtes tournés vers Dieu
en vous détournant des idoles
pour servir le Dieu vivant et vrai
et pour attendre que revienne du ciel son Fils
qu'il a ressuscité des morts,
Jésus, qui nous délivre de la colère qui vient.
1 Thessaloniciens 1 : 9, 10

Dans les parcours de vie que j'ai eu la joie de vous présenter, on retrouve les éléments de ce témoignage que l'apôtre Paul rend aux Thessaloniciens de l'époque biblique : chacun a fait clairement le choix de se *tourner vers Dieu*, ce qui implique *se détourner de tout ce qui occupait la place de dieu* dans son cœur. Tous ont reconnu en Jésus le seul Sauveur. Pas seulement celui de leurs détresses, mais avant tout celui de leur péché et de leur perdition éternelle. Ce Sauveur est alors devenu aussi leur Seigneur, le Christ qu'ils désirent servir en attendant son retour !

Vous avez apprécié ces récits si authentiques et si enthousiastes, et vous ressentez certainement que ces vies ont changé en profondeur. Pour tous, cela a passé par une vraie *repentance* quant à leur vie sans Dieu, incluant un changement de cap. Tous montrent aussi que, pour grandir dans leur foi, ils se sont joints à une église où le Christ est le centre. Plusieurs mentionnent une église évangélique…

Ah bon ? Les médias montrent pourtant les évangéliques comme des excités, des farfelus bling-bling ? Il y a des excès dans tous les milieux, et la télé ne se déplace évidemment pas pour filmer le culte *sage* de la plupart des églises évangéliques ! On ne ferait de scoop dans aucune des églises des personnes qui livrent leur histoire ici.

Fondamentalement, être évangélique ne signifie ni plus ni moins qu'être fidèle à l'Évangile, désireux de vivre selon l'enseignement des Écritures, sans rien ajouter, sans rien retrancher ! Et puis, soulignons que ce livre n'est pas l'apologie d'un groupe de chrétiens, mais celle de Jésus-Christ, le seul qui ne nous déçoit pas.

Voilà, ces récits de vie sont confiés à l'encre et au papier !

Avec quand même une petite appréhension : comment évolueront tous ces pèlerins de la vie avec Christ ? Chacun a plusieurs années de fidélité à son Dieu derrière lui, mais qui sait si l'un ou l'autre ne fera pas un jour des choix qui ne seront pas à l'honneur de leur témoignage ? Cela ne démontrerait-il pas que leur foi n'est pas aussi vraie qu'ils le pensent aujourd'hui ?

C'est comme si chacun était monté dans le train du salut. Quand on est dans le bon train, on peut éventuellement mal s'y comporter, mais cela ne changera rien à la valeur du train : il reste le bon train pour la destination voulue ! Ce n'est pas le train qui sera en cause, mais le voyageur !

De plus, par son Saint-Esprit, Dieu amène à la repentance ses enfants fautifs ! Mais… pour des passagers d'un train, ce n'est évidemment pas la norme de mal se comporter, n'est-ce pas ?

@ bientôt, dans un autre livre ! Claude

# D'autres parcours de vie

## Livres :

- **CROIRE La preuve par 7**, Alain STAMP, Édition ELB/BLF (des témoignages poignants introduisant des réflexions de l'auteur visant à mieux faire connaître le Christ).
- **J'ai osé l'espoir** (ma vie, mon divorce, ma prière) Brigitte H.G., Éditions BLF et d'autres livres de la collection Vécu

## Sites :

- **Juifs pour Jésus :**
  http://www.juifspourjesus.org/temoins.htm
  Dans mon livre, vous avez lu l'histoire du musulman Saïd qui a mis sa confiance dans le Christ. Ici, ce sont 4 juifs qui témoignent de leur joie d'avoir trouvé en Jésus leur Messie.
- **Croire et Vivre :**
  http://www.publicroire.com/croire-et-vivre/
  Ce site fourmille de témoignages d'hommes et de femmes qui, pour les uns, commencent à connaître le Christ, pour les autres, l'ont choisi comme Sauveur et Seigneur de leur vie !

## Les Carnets d'enquête

Pour savoir comment vous procurer ces livres, rendez-vous sur mon site : http://pourquoi.je.vis.free.fr

### Je vous recommande aussi :

- le blog d'un ami, Gilles Georgel : http://pour-que-tu-croies.blogspot.fr/
- le calendrier « Vivre aujourd'hui » http://www.vivreaujourdhui.com

Calendrier mural
grande plaque en recto-verso

Livret broché

Calendrier à poser - petite plaque

* 1205371-1704650 * 50